*Dedico questo libro
a tutti coloro i quali a loro modo
mi sono stati vicino
nei periodi più bui.*

www.pianofortelezioni.it

«Devi molto
a chiunque
ti abbia mai dato
fiducia.»

Truman Capote

SUONO IL *Pianoforte*
PER ADULTI PRINCIPIANTI

*Gabriella Lozza*

Testi *Gabriella Lozza - canti popolari tradizionali*
Foto *Fotolia - Shutterstock*

*Progetto grafico e impaginazione* Cristina Franceschini - www.crisfranceschini.it

II Edizione, Settembre 2018

www.pianofortelezioni.it
www.suonocantocreo.it

ISBN13:  978-1541234642
ISBN10:  1541234642

# GABRIELLA LOZZA

# SUONO IL
# *Pianoforte*
## PER ADULTI PRINCIPIANTI

Suono canto creo
Lezioni di pianoforte **Gabriella Lozza**

# Indice lezioni

# Corso online

## di pianoforte

Esiste molta letteratura online per chi vuole iniziare ad imparare a suonare il pianoforte, ma è dispersiva e come principiante non saresti in grado di mettere insieme i pezzi.

I brani di "Suono il pianoforte" fanno parte del videocorso di pianoforte per adulti principianti "Suono canto creo".

L'ho creato per andare incontro alle esigenze delle persone che per motivi di lavoro, per motivi familiari o economici non possono recarsi una volta alla settimana in una Scuola di Musica. Per iniziare non serve nessuna conoscenza musicale, puoi partire da zero e a qualsiasi età.

L'ho chiamato "Suono canto creo" perché impari a suonare il pianoforte, se vuoi impari a sviluppare l'orecchio musicale a creare l'accompagnamento.

I canti popolari tradizionali che costituiscono i tre livelli del videocorso sono disposti in ordine crescente, per contenuto e grado di difficoltà, in modo tale che l'apprendimento della musica e del pianoforte possa avvenire simultaneamente.

## Vantaggi corso online:

Puoi imparare a suonare il pianoforte senza spostarti da casa e senza investire in costose lezioni dal vivo. Risparmi il tempo del viaggio per recarti a lezione, il costo del parcheggio e della benzina. Se non capisci subito un passaggio lo puoi vedere e rivedere quante volte vuoi. Puoi gestire le lezioni come vuoi, adattare il programma ad un periodo più lungo. Hai l'assistenza di una persona reale che ti segue passo dopo passo, un punto di riferimento: sotto ad ogni video hai lo spazio per scrivere commenti o farmi delle domande a cui rispondo regolarmente.

Pensi che lo studio del pianoforte sia troppo difficile per te e che non potrai mai imparare?
Tanti rinunciano da subito perché pensano di non riuscire. L'unico modo sicuro di non riuscire è non provare. Se non inizi rimarrai col dubbio che avresti potuto imparare a suonare ma non te ne sei dato la possibilità. Sperimenta la tua capacità di imparare a suonare subito il pianoforte!

## Suono canto creo
### Lezioni di pianoforte Gabriella Lozza

Accedi gratuitamente alle prime tre lezioni
del primo livello a questo link

https://pianofortelezioni.it/sqpaz/

e all'audio di tutti i canti in formato mp3
a questo link

https://pianofortelezioni.it/audio-mp3-liv-1/

Seguimi su facebook

www.facebook.com/pianofortelezioni

# *Prefazione*

"Suono il pianoforte" è concepito per avviare in modo graduale adulti principianti allo studio del pianoforte. I tre libri che lo compongono si rivolgono a studenti di età compresa fra i 12 e i 75 anni.

Per completarli si impiega un anno e al termine si può iniziare lo studio dei grandi classici.

I brani che costituiscono i tre livelli sono canti popolari tradizionali disposti in ordine progressivo per grado di difficoltà e le citazioni inserite ad ogni lezione vogliono motivare lo studente nel corso dello studio del pianoforte.

*Auguro un percorso pianistico*
*ricco di soddisfazioni e felicità.*

# Introduzione

## L'arte come terapia

L'arte è in generale una medicina. "Nel momento stesso in cui l'esperienza del dolore si fa tutt'uno con l'attività creativa, quest'ultima diventa terapia, senso. Quando ascoltiamo o facciamo musica, da un punto di vista neurofisiologico noi ricarichiamo il cervello. Quindi ancor prima di procurarci quell'esperienza a livello fisico, emotivo, estetico, che conosciamo, i suoni, quest'aria modulata ci nutrono... Ogni aspirazione dell'uomo è orientata verso la ricerca della felicità. L'esperienza dell'arte (sia come creazione che come fruizione) è una modalità più evoluta per raggiungere questo scopo. E la musica comunica direttamente, a livello somatico e psicologico, una gioiosa carica vitale... L'energia della musica trasmette l'energia della vita."[1]

Heinrich Neuhaus ritiene il pianoforte lo strumento migliore se non l'unico per apprendere i principi della musica, principi che sono utili nella vita spirituale: "Mediante la musica iniettavo il bacillo dell'arte, almeno li tiravo un po' nella cultura spirituale, li aiutavo a sviluppare e a far crescere le loro migliori qualità spirituali."[2]

Anche il legame affettivo con un animale aiuta a guarire. "Ho conosciuto una paziente psicotica che aveva adottato un gatto e che, attraverso questo legame affettivo, era uscita dalla sua malattia. Ho raccontato la storia al direttore di una clinica psichiatrica che mi ha risposto: "In un ospedale come il mio, questo non sarebbe possibile, gli animali non sono ammessi". Ebbene, mi vien voglia di dire che... non sarebbe possibile neanche guarire lì dentro!

In un ospedale senza pianoforte, senza teatro e senza laboratori di pittura non è neanche pensabile di poter guarire."[3]

La musicoterapeuta Juliette Alvin[4] ha aiutato pazienti ad uscire da gravi situazioni imparando a suonare uno strumento musicale, al momento giusto e con la giusta motivazione.

La musica è un ottimo mezzo di espressione di sé e può influenzare il nostro comportamento in qualunque periodo della nostra vita. Imparare a suonare uno strumento musicale può aiutare a tenere a bada lo stress, l'ansia e i pensieri negativi, può diventare un momento di evasione e di rilassamento. Dedicarsi tutti i giorni ad attività creative aiuta a raggiungere un migliore benessere psicofisico e potenzia la creatività. La musica è adatta a tutti e tutti coloro che la amano hanno un mezzo che diventa terapeutico nel caso in cui si dovessero ammalare. Nella vita, prima o poi, arrivano grandi dispiaceri; i grandi dolori fanno parte della vita e non si possono evitare. Possiamo però trovare in noi la forza e gli strumenti per affrontarli e superarli nel modo migliore possibile. Ognuno può trovare nella propria sana passione lo strumento di guarigi-

«Non chiedo alla musica
di farmi dimenticare la vita.
Piuttosto
le domando di aiutarmi
a guardare in faccia la vita
e di aiutarmi malgrado
tutta questa vita.»
George Duhamel

---

1 G. ANSALDI La "lingua degli angeli" Guerini e Associati, Milano 1997, 31. 100.
2 H. NEUHAUS L'arte del pianoforte, Rusconi 1997, 132
3 M. MURET Arte-terapia L'altra medicina , Red edizioni 1991, 165
4 J. ALVIN Terapia musicale Armando Editore, Roma, 1986

one. Le sane passioni ci aiutano anche a tenere attivo il cervello, a rallentare il processo di invecchiamento. Sono molte le arti che possiamo usare: la musica, la pittura, il giardinaggio, la lettura, il teatro, cucinare, ecc.

Ho praticato diverse attività creative, ma in modo particolare, studiare musica, studiare il pianoforte mi ha aiutato a superare un lungo periodo della mia vita personale particolarmente difficile.

Concordo con questo pensiero di Dale Carnegie: "Tutti gli sciocchi sono capaci di condannare, criticare e la maggior parte lo fa. Ma ci vuole carattere e autocontrollo per capire e perdonare". Infatti come disse Marco Aurelio "In nessun luogo l'uomo può trovare un rifugio più tranquillo, più sereno che nella sua anima". Non possiamo scappare da noi stessi, vale più la propria coscienza che l'opinione degli altri. Quello che gli altri dicono o pensano di te riflette ciò che sono loro, non fanno altro che raccontare sé stessi, non chi sei tu. Pensa a Confucio: "Quando fai qualcosa sappi che avrai contro quelli che volevano fare la stessa cosa, quelli che volevano fare il contrario e la stragrande maggioranza di quelli che non volevano fare niente". Ricorda Charles Chaplin: "Ti criticheranno sempre, parleranno male di te e sarà così difficile che incontri qualcuno al quale tu possa andare bene così come sei. Quindi vivi come credi, fai quello che ti dice il cuore. La vita è un'opera di teatro che non ha prove iniziali. Canta, Ridi, Balla, Ama. Vivi intensamente ogni momento della tua vita, prima che cali il sipario e l'opera finisca senza applausi!"

Ti auguro di superare i tuoi momenti difficili con l'aiuto dello studio del pianoforte.

**Dedico questo libro a tutti coloro i quali a loro modo mi sono stati vicino nei periodi più bui.**

## Limiti di età

**Non ci sono limiti di età per iniziare ad imparare a suonare uno strumento musicale.**

Sono molte le persone che mi dicono che hanno sempre sognato di imparare a suonare il pianoforte, ma non lo hanno potuto realizzare perché non avevano tempo per studiare oppure non avevano possibilità economiche.

Mi dicono: "Ormai sono troppo vecchie per iniziare, non sono portato, ho le mani piccole, non ho orecchio". Oppure mi chiedono: "Quanto tempo impiegherò ad imparare a suonare?"

La verità è che con il giusto metodo e con la costanza, ogni abilità di questo mondo **si può imparare partendo da zero e a qualsiasi età.**

Tutti possono imparare a suonare uno strumento musicale anche se non si incomincia da piccoli.

Lo scienziato americano Gary Marcus, che fin da bambino era stato considerato stonato e aritmico, ha iniziato a studiare la chitarra a 39 anni.

Ha inseguito il proprio sogno con ottimi risultati: è entrato in un gruppo e ha imparato a scrivere la sua musica.

Ha poi raccontato il suo viaggio musicale nel libro:
Guitar Zero: The New Musician and the Science of Learning.

Gary Marcus ha indagato con gli strumenti necessari, è psicologo cognitivo, per un anno è diventato cavia di se stesso.

Non ha dato peso agli studi secondo i quali esiste un periodo specifico per l'apprendimento di abilità complesse come la musica e ha fatto del suo percorso musicale un esperimento scientifico.

Ecco cosa ha fatto e scoperto:
"Revisionata una serie di studi, prima sulle finestre di apprendimento del linguaggio, poi sull'apprendimento della musica, Marcus è giunto presto alla conclusione che la plasticità del cervello risultava in realtà più che dimostrata, specie dagli ultimi studi realizzati con le nuove tecniche di visualizzazione cerebrale, come la risonanza magnetica funzionale e la magnetoencefalografia.

E soprattutto ha scoperto che non esistevano invece studi sistematici che realmente escludessero la possibilità per un adulto di imparare la musica.

E poi c'è anche la lezione tratta dalla realtà. «Patti Smith non aveva mai considerato realmente di diventare una cantante professionale finché non è giunta attorno ai 25 anni — dice Marcus nel suo libro —.

E c'è una leggenda della chitarra jazz, Pat Martino, che ha imparato a suonare di nuovo dopo la rottura di un aneurisma cerebrale, all'età di 35 anni».

Quindi, si può fare.

Magari senza risultati strabilianti, come quello di sviluppare l'orecchio assoluto, la capacità di nominare qualsiasi nota una volta che sia stata ascoltata, che non sembra si possa più sviluppare dopo i sette anni-otto anni.

D'altra parte, l'orecchio assoluto è probabilmente una caratteristica genetica, e non è posseduto da molti musicisti di successo...

Scopre che, rispetto ai bambini, un adulto, se dispone del tempo necessario, ha un grande vantaggio: la determinazione...

E si accorge che un altro vantaggio tipico dell'adulto che impara una nuova disciplina è quello di potersi dedicare deliberatamente al superamento delle sue specifiche debolezze...

Mentre spesso i ragazzi tendono istintivamente a ritrarsi da ciò che trovano difficile...

Ma soprattutto trova su se stesso la conferma di quanto sia vero ciò che gli studi di neuroimaging hanno dimostrato, ossia che la ricerca di nuova conoscenza può mettere in moto il cervello assieme alla produzione di neurotrasmettitori ad azione stimolante, come la dopamina."[5]

Chuan C. Chang esamina le diverse categorie di principianti partendo da 0 fino a 65 anni e oltre.

"Stiamo sempre più iniziando a riconoscere che ciò che attribuivamo al "talento" è in realtà un risultato della nostra educazione. Questa relativamente recente "scoperta" sta radicalmente cambiando il panorama della pedagogia del pianoforte. Possiamo quindi legittimamente domandarci se il talento sia un fattore così importante nella rapidità con cui si può imparare a suonare il pianoforte. Qual è allora un fattore importante? Uno è l'età perché imparare a suonare il pianoforte è un processo di sviluppo delle cellule nervose, specialmente quelle cerebrali, che rallenta con l'età.

**Fino a sei anni** i bambini imparano nuove abilità in modo diretto: imparano all'improvviso una nuova abilità come il camminare e diventano rapidamente bravi a farlo. Ogni individuo però ha i suoi tempi e il suo ordine. In gran parte i genitori commettono l'errore di far ascoltare al bambino esclusivamente musica per bambini: la musica per bambini non fa altro che rallentare lo sviluppo del cervello.

«Decidi chi vuoi essere, cosa vorrai realizzare e da quel momento l'Universo ti aprirà tutte le porte.»
Will Smith

5 Corriere della Sera - 27 agosto 2012 - Danilo di Diodoro https://www.corriere.it/salute/neuroscienze/12_agosto_27/chitarra_limite_eta_didiodoro_fd7b094c-f044-11e1-924c-1cb4b85f5a80.shtml

# La notazione musicale

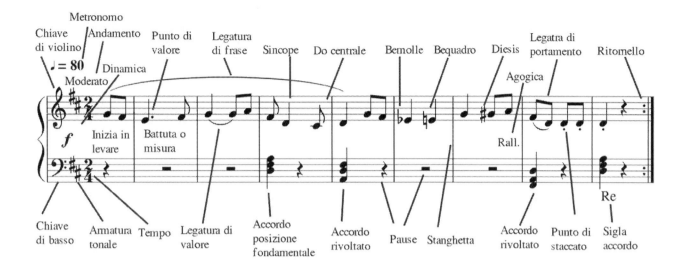

Non è una buona idea esporli alle trombe forti e ai rulli di tamburi, perché potrebbe farli trasalire, ma possono capire Bach, Beethoven, Chopin, eccetera. La musica è un gusto che si acquisisce nello stesso modo in cui si sviluppa musicalmente il cervello del bambino: dipenderà da quella che ascolteranno. La musica classica più vecchia contiene più strutture di accordi e armonie che vengono riconosciute dal cervello in modo naturale.

La musica per pianoforte è particolarmente adatta perché se dovessero in futuro prendere lezioni, sarebbero dotati di un più alto livello di comprensione della musica che ascoltavano da piccoli.

Le mani dei bambini al di sotto dei tre anni sono troppo piccole per suonare il pianoforte e non si riescono a flettere e muovere indipendentemente. Il cervello e il corpo (corde vocali, muscoli, eccetera) possono non essere ancora sviluppati a sufficienza per trattare con i concetti della musica. Oltre i quattro anni di età la maggioranza dei bambini è in grado di ricevere una qualche educazione musicale, in special modo se sono stati esposti alla musica fin dalla nascita. Questo gruppo (da 3 a 12 anni) può sfruttare l'enorme crescita del cervello che avviene in questa fascia d'età in cui si impara senza sforzo, ed è limitata più dall'abilità dell'insegnante nel fornire il materiale opportuno che dall'abilità dello studente ad assorbirlo. Un aspetto notevole di questa fascia d'età (ce ne sono molti!) è la "malleabilità": il loro "talento" può essere conformato. Forse non sarebbero diventati musicisti se fossero stati lasciati a se stessi, ma potrebbero diventarlo con il giusto addestramento. Questa fascia d'età è l'ideale per cominciare a studiare il pianoforte.

### Da 13 a 19 anni

Gli anni dell'adolescenza, dei "teen-agers" (da 13 a 19 anni). I giovani di questo gruppo hanno ancora delle eccellenti possibilità di diventare dei pianisti concertisti. Hanno tuttavia perso l'occasione di diventare quelle giovani stelle che i principianti più giovani possono essere. Sebbene lo sviluppo del cervello sia rallentato, il corpo sta ancora crescendo rapidamente fino a circa sedici anni (e più lentamente dopo). Il fattore più importante di tutti è l'amore per la musica e per il pianoforte. Questa fascia d'età può raggiungere praticamente tutto ciò che vuole a patto di avere un intenso interesse per la musica. Però non sono malleabili: incoraggiarli a imparare il pianoforte non funziona se sono più interessati al violoncello o al sassofono. Il ruolo dei genitori cambia: dal dare la direzione al dare supporto per qualsiasi cosa essi vogliono fare. Probabilmente non dimentichiamo mai niente di quello che abbiamo memorizzato a questa età o da più giovani. Oltre questa fascia d'età diventa più difficile classificare gli individui a causa delle enormi differenze fra di essi.

### Dai 20 ai 35 di età:

Alcune persone in questa fascia d'età hanno ancora una possibilità di diventare dei pianisti concertisti. Possono usare l'esperienza della propria vita per acquisire le abilità al pianoforte in maniera più efficiente rispetto ai più giovani. Chi decide di imparare in questa fascia d'età di solito ha una forte motivazione ed ha chiaro quello che vuole ottenere, ma dovrà lavorare molto duro perché i progressi arriveranno solamente dopo un sufficiente ammontare di impegno. Il nervosismo può iniziare a diventare, per alcuni, uno dei problemi principali. Sebbene si possa soffrire di nervosismo anche in età più giovane, esso sembra aumentare con gli anni. Se si volesse quindi eseguire in pubblico si dovrebbero fare delle ricerche sul controllo del nervosismo (attraverso la sicurezza di sé, allenandosi ad eseguire per un pubblico appena sorge l'occasione, eccetera). Iniziare in questa fascia d'età non dovrebbe essere problematico per chi vuole soltanto diventare abile tecnicamente per potersi gustare le principali composizioni per pianoforte. Inoltre si può memorizzare a vita qualsiasi cosa, anche se sarà necessario un po' di mantenimento.

### Dai 35 ai 45 anni:

Le persone in questa fascia d'età non possono diventare pianisti concertisti, ma possono ancora eseguire in maniera adeguata il materiale più semplice come i classici facili. Possono acquisire abilità sufficienti per suonare le composizioni più famose per il divertimento personale e le esecuzioni informali. Il materiale più impegnativo sarebbe probabilmente fuori dalla loro portata. Il nervosismo può raggiungere il massimo più o meno tra i quaranta e i sessanta anni, per poi diminuire lentamente. Memorizzare inizia a essere un problema nel senso che, sebbene sia possibile memorizzare praticamente qualsiasi cosa, si tende a dimenticarla quasi del tutto se non la si mantiene correttamente.

### Dai 45 ai 65 anni:

Questa è l'età in cui, da persona a persona, ci saranno limitazioni crescenti a ciò che si può imparare a suonare. Si può probabilmente arrivare fino al livello delle "Sonate" di Beethoven, sebbene quelle più difficili risulterebbero un'enorme sfida della durata di diversi anni. Acquisire un repertorio abbastanza grande è difficile e si è in grado di eseguire solamente alcuni pezzi in qualsiasi momento. C'è ancora un numero illimitato di composizioni che si possono suonare per divertimento personale. Siccome ce ne sono più del tempo che si ha per impararle, probabilmente non si sentirà il limite di ciò che si può imparare. Non ci sono ancora grossi problemi ad imparare nuovi pezzi, ma ci vorrà un mantenimento costante se si vuole tenere nel repertorio: imparare quelli nuovi fa completamente dimenticare quelli vecchi, a meno di non averli imparati in giovane età. La velocità di apprendimento inoltre inizia a diminuire di sicuro. Memorizzando nuovamente e dimenticando diverse volte si può ancora riuscire a memorizzare una significativa quantità di materiale. La cosa migliore da fare è dedicarsi ad alcuni pezzi e imparare a suonarli bene. C'è poco tempo per i libri per principianti e per gli esercizi: non fanno male, ma si deve iniziare con i pezzi se si vuole suonare dopo pochi mesi dall'inizio delle lezioni.

**Dai 65 anni in poi:**

Non c'è motivo per cui non si possa iniziare a studiare il pianoforte a qualsiasi età. Chi comincia a questa età è realista rispetto a ciò che potrà imparare a suonare e generalmente non ha aspettative irragiungibili. C'è parecchia musica da suonare, semplice ma meravigliosa. E la gioia di suonare rimane elevata come quando si è giovani. Finché si è in vita e non terribilmente disabili si può imparare il pianoforte e fare progressi soddisfacenti a ogni età. Memorizzare una composizione che si sta studiano non è un problema per la maggiorana. La più grande difficoltà a memorizzare deriva dal fatto che ci vorrà più tempo ad arrivare a velocità nelle parti più difficili e memorizzare qualcosa suonato lentamente è la cosa più difficile da fare, per quando concerne la memoria. Se, quindi, si scelgono pezzi facili da portare a velocità rapidamente saranno memorizzate più in fretta. Diventa più difficile stirare le mani per raggiungere accordi ampi e arpeggi, così come suonare volate veloci e rilassarsi. Se ci si dedica a una composizione alla volta se ne potranno sempre avere un paio che si possono eseguire in pubblico. Non c'è motivo di modificare i metodi di studio: sono gli stessi usati dai più giovani. Si potrebbe non essere tanto nervosi come quando si era più giovani. Imparare il pianoforte, soprattutto il lavoro di memorizzazione, è uno degli esercizi migliori per il cervello perché un impegno serio a imparare a suonare dovrebbe rallentare il processo di invecchiamento, così come un adeguato esercizio fisico è necessario per mantenere la salute. Non si vada da un insegnante che tratta tutti come dei principianti giovani e che fa eseguire soltanto esercizi: non si ha più il tempo per quelle cose. Si inizi a suonare della musica da subito."[6]

# Mani piccole?

Se pensi di avere la mano troppo piccola per suonare il pianoforte devi essere tranquillo perché è perfettamente normale.

Le caratteristiche della mano variano da persona a persona, può essere più o meno flessibile. Dipende dalle proprie caratteristiche fisiche e da quanto è stata allenata nel corso del tempo. Nella maggior parte dei brani musicali che superano l'intervallo di decima si usa il segno dell'arpeggio che si esegue con il pedale destro di risonanza.

Dopo il livello base, se si vuole continuare a studiare il pianoforte, e del resto come ho fatto io, si scelgono brani che si adattano alla estensione della propria mano.

Anche una mia ex insegnante ha le mani piccole eppure è una bravissima concertista. I compositori non scrivono tutti allo stesso modo, per esempio Mozart scriveva in modo contenuto mentre Liszt scriveva in modo più ampio.

È comunque possibile allenare la propria mano per aumentarne la distanza e l'ampiezza. Devi però fare gli esercizi giusti e nel modo corretto altrimenti potresti avere problemi alla mano. Sappi che Schumann si è rovinato la carriera di pianista.

Aveva utilizzato un sistema, non corretto, per costringere le sue dita a raggiungere più ampie articolazioni, è rimasto per un po' di tempo paralizzato alla mano destra e dopo la guarigione non è più riuscito a suonare con la sicurezza di prima.

Mentre Liszt si è rotto la mano per aumentare la forza delle dita.

"Mani grandi e agili, purchè governate da una testa ben organizzata, ottengono più facilmente l'elasticità, la flessibilità, la naturalezza. Alle mani non grandi, con poca possibilità di estensione è ovviamente molto più necessario che alle mani grandi ricorrere ai movimenti del polso, dell'avambraccio e della spalla...

6 CHUAN C. CHANG, I fondamenti dello studio del pianoforte, Editore Juppiter Consulting Publishing Company 2014, 264. 265. 266. 267. 268.

Ma non tutti i mali vengono per nuocere: a volte proprio le persone dotate di mani non grandi e difficili, appunto per questo, capiscono meglio la natura del pianoforte e del proprio corpo "pianistico", in confronto ad altri con le mani grandi e grandi ossa... Certo una mano piccola non raggiungerà mai quella sensazione di libertà (e di potenza), io direi di "possanza" e di "potere", propria delle mani grandi, che prendono senza disagio e senza sforzo gli accordi più ampi e complessi: immaginatevi per esempio la zampa da leone di Anton Rubinstejn, o le enormi, e potenti mani di Rachmaninov. Le mani piccole non riusciranno in tali casi a nascondere i trucchi studiati per anni (con l'aiuto delle facoltà intellettuali), e la ca-

« Cominciate col fare il necessario poi ciò che è possibile, all'improvviso vi sorprenderete a fare l'impossibile. »
San Francesco d'Assisi

pacità di "arrangiarsi in condizioni difficili"; per farla breve, chi ha una mano piccola trasforma i propri difetti in pregi: questa, certamente, è una vittoria dello spirito sulla carne e perciò ha un particolare valore... Io spesso predico ai miei allievi che suonino prima con la testa e con gli orecchi, e solo in un secondo momento con le mani, e aggiungo che con "brutte" mani si può suonare molto bene, e con "buone" mani si può suonare molto male... Voi avrete visto i calchi delle mani di Liszt, di Anton Rubinstejn e di altri. Guardate la mani dei nostri più valenti pianisti-virtuosi moderni: Richter, Gilels, Horowitz... Vi convincerete a prima vista di quanto queste mani siano adatte in modo particolare, raro ed eccezionale a suonare il pianoforte ad alto livello. La formazione di queste mani eccezionali è duplice: in primo luogo, l'uomo nasce col talento e con mani eccellenti (e questo, come è noto, non dipende da noi), in secondo luogo, visto che ha talento, cioè ama suonare e vuole suonare (e il talento, ripeto, è una passione), suona molto, suona con dedizione, con regolarità e come si deve, e perciò sviluppa nel modo migliore le sue mani, già bellissime per natura (e ciò dipende da noi). In questo modo un vero pianista diventa quello che è: se i pianisti con mani inadeguate non possono nel primo punto, che lo imitino nel secondo, e i buoni risultati non tarderanno a mostrarsi."[7]

## Tastiera o pianoforte?

"All'inizio, fino a un anno, è possibile iniziare usando le tastiere, anche quelle piccole con meno di 88 tasti del pianoforte standard. Se si pensa di suonare le tastiere elettroniche per tutta la vita ci si può sicuramente permettere di studiare soltanto su di esse. Ciò non di meno quasi tutte le tastiere hanno una meccanica troppo leggera per simulare veramente un pianoforte acustico. Prima possibile si dovrà passare a un pianoforte digitale con 88 tasti pesati (o a un pianoforte acustico)."[8]
Le tastiere devono avere almeno 5 ottave e i tasti devono avere la stessa dimensione di quelli del pianoforte. Il pianoforte acustico e la tastiera non sono paragonabili come meccanica. Con la tastiera non puoi gestire l'intensità, il suono è sempre uguale, non puoi suonare forte e piano, ad eccezione delle tastiere pesate, ma in ogni caso la qualità non è paragonabile al pianoforte acustico. La tastiera ha il vantaggio di occupare poco spazio, si può acquistare su internet, non si scorda, non ha bisogno di manutenzione ed è facilmente trasportabile.

### ACQUISTO E MANUTENZIONE DEL PIANOFORTE
Il pianoforte è uno strumento molto complesso. Quando lo acquisti non guardare all'aspetto estetico.

---

7 H. NEUHAUS L'arte del pianoforte, Rusconi 1997, 158-159

8 CHUAN C. CHANG I fondamenti dello studio del pianoforte Editore Juppiter Consulting Publishing Company 2014, 263

Non significa che vale di più solo perché dal punto di vista estetico è meglio rifinito. Se abiti in un condominio o non puoi studiare di giorno ti consiglio di far applicare al pianoforte un sistema di silenziamento (ci si esercita con la cuffia).

È un kit applicabile a qualsiasi modello di pianoforte acustico. C'è anche la possibilità di connettersi via midi a pc e moduli elettronici. Questo sistema è migliore rispetto ai pianoforti digitali o alle tastiere pesate.

Ti consiglio di non acquistare il pianoforte online, non lo puoi provare. Fai la tua ricerca presso due o tre negozi, se non lo puoi acquistare lo puoi noleggiare.

### Consigli per l'acquisto del pianoforte nuovo.

Se decidi di acquistare il pianoforte suona su tutta l'estensione del pianoforte per controllare che nessun tasto produca rumori o ronzii. Prova con una scala cromatica eseguita lentamente.

Così riesci a controllare se si sentono rumori e puoi ascoltare bene il suono del pianoforte.

Controlla il suono tenendo il coperchio chiuso se pensi di tenerlo per la maggior parte del tempo chiuso, quando suonerai. Per il trasporto affidati ad una ditta specializzata, niente fai da te.

E' meglio se lo appoggi a una parete interna. E per il pianoforte verticale l'ideale sarebbe tenerlo distante dalla parete 30 cm circa. Il pianoforte teme l'umidità e gli sbalzi di temperatura. Non va messo vicino a fonti di calore, teme anche le correnti d'aria.

Se lo metti vicino a una finestra, fai in modo che i raggi del sole non lo colpiscano per più ore al giorno. La temperatura della stanza, se ti è possibile, deve essere tenuta costante tra i 18 e 21 gradi. L'umidità deve essere mantenuta tra il 45 e il 60 per cento.

### Consigli per l'acquisto del pianoforte usato.

Sulle corde dei pianoforti vecchi potresti trovare della ruggine, l'importante è che non ce ne sia troppa perché la ruggine compromette l'elasticità delle corde.

Se ci sono molte corde nuove ciò indica che le corde originali si rompono facilmente e quindi potresti ritrovarti con le corde che si rompono spesso.

Inoltre controlla la qualità del suono nel registro grave del pianoforte.

Non si deve sentire un rumore sordo perché se succede, è probabile che il rivestimento delle corde in questo registro potrebbe essersi allentato col tempo.

Controlla se il mobile ha dei segni di umidità, se ci sono segni dei tarli sia sul mobile sia sulla meccanica interna. Premendo i tasti non devi sentire rumori o vibrazioni.

Premi i tasti in rapida successione per sentire se manca qualche suono. Prova ad eseguire una scala cromatica velocemente per controllare se qualche tasto rimane giù. Controlla se i feltri e gli smorzatori sono rovinati o deformati. Controlla anche se ci sono delle crepe nel telaio e se la tavola armonica ha delle fessure. Controlla che quando togli il pedale di risonanza non si senta alcun suono e il pedale non faccia rumore.

«Le tue passioni non sono casuali. Sono la tua chiamata.»
*Fabienne Fredtzickson*

### La manutenzione del pianoforte

L'accordatura andrebbe fatta almeno una volta l'anno (meglio sarebbe due volte: quando si spegne e si accende il riscaldamento), da un tecnico preparato e qualificato.

Il pianoforte teme la polvere. Per la parte interna non usare nessun prodotto, togli la polvere con un pennello che non lasci peli. Non fare entrare nel pianoforte liquidi o briciole di qualsiasi genere. Per la parte esterna non usare detergenti, utilizza un panno morbido che non lascia peluria. Il panno solo leggermente inumidito con acqua e ben strizzato.

*« Le persone arrivano nella nostra vita per una ragione. »*

Paulo Coelho

## Testimonianze allievi

Gabriella è stata la mia insegnante di pianoforte. Nel mio caso il piano è il mio secondo strumento. Quindi ho iniziato a studiarlo quando ormai ero grande (14-15 anni). E' un'ottima insegnante tanto che ti porta ad amare lo strumento. Nel mio caso mi ha anche aiutato a preparare l'esame di pianoforte per il conservatorio (corsi preaccademici) con risultato 7/10.

**Dalila Tosetti**

Mi sono avvicinato alla musica attraverso il canto e lo studio della chitarra durante gli anni delle superiori. Il mio sogno è sempre stato quello di suonare il pianoforte. Seguendo questo metodo è stato molto semplice, in quanto le lezioni ti guidano step by step aumentando gradualmente il livello di difficoltà. In questo modo si vedono da subito i primi risultati e questo stimola la voglia di proseguire e migliorarsi.

**Enrico Iurillo**

La mia esperienza col pianoforte comincia all'età di 10 anni. Purtroppo mi sono allontanata dagli studi dopo soli 3 anni riprendendo poi all'età di 32 anni. La riscoperta del pianoforte mi è stata di grande aiuto, trovando in esso un hobby piacevole e rilassante. Questo grazie anche all'incontro con Gabriella, insegnante dotata di un'infinita pazienza e disponibilità. Per un adulto non è scontato l'apprendimento, ma per quanto mi riguarda un percorso ricco di sorprese, affrontato grazie a Gabriella, con facilità e chiarezza. Sempre seguita passo per passo mi sono trovata a saper suonare senza nemmeno accorgermene. Le sue lezioni sono davvero alla portata di tutti e bellissime.
Non è mai troppo tardi per cominciare e con lei ce la farete!

**Erika Cisarri**

Sono stato allievo di Gabriella per dodici anni, dalla seconda elementare fino alla quinta superiore.
Fin da subito è stata capace di farmi appassionare al pianoforte, aiutandomi ad imparare la teoria e la pratica musicale con passione, gentilezza e attenzione, senza mai farmi annoiare.
Credo che una sua grande dote sia stata quella di riuscire ad essere un'insegnante molto umana e comprensiva, pur riuscendo ad essere precisa nella correzione degli errori e ad incitare a studiare o fare meglio e a migliorarsi. Sono sempre andato volentieri a lezione, anche col passare degli anni. Le musi-

che che mi proponeva di studiare insieme mi sono sempre piaciute e mi hanno tenuto vivo la voglia di suonare. Nei dodici anni di insegnamento è riuscita, oltre che a trasmettermi il suo amore per la musica e per il pianoforte, a farmi acquisire una buona tecnica che mi permette tutt'ora di poter imparare autonomamente una vasta gamma di musiche. Quanto appreso dalle sue lezioni mi ha permesso, oltre che dilettarmi personalmente con il pianoforte, ad essere in grado di improvvisare e comporre piccole musiche, di poter dirigere un coro e un piccolo insieme di strumenti!

**Luca Sorini**

Fin da piccola passavo ore a tamburellare le dita sul tavolo di marmo, immaginando di sentire la melodia prodotta dalle mie agilissime dita. É passato tanto tempo da allora e, a 59 anni, alla soglia della pensione ho deciso di regalarmi la possibilità di appoggiare le mani su una tastiera, seguita da una maestra. E così è stato. Gabriella mi ha accolto subito con un sorriso di soddisfazione e di condivisione. All'inizio, per l'agitazione non vedevo nemmeno i tasti, il suono del suo pianoforte era forte e quasi mi intimoriva. Ma... il ricordo delle "suonate infantili" mi spronava a continuare. Immaginatevi l'emozione di quando, suonando poche note con una sola mano, intuivo la melodia! Il metodo mi aiutava a capire la posizione delle dita!
Piano piano si alternava l'altra mano, poi gli accordi, le alterazioni, gli intervalli, le due mani insieme, le scale...! E poi i compiti a casa, quell'allenamento che ero costretta a collocare a tarda sera perchè nel frattempo ero diventata nonna per terza volta! Gli occhi mi si chiudevano, la stanchezza mi bloccava, ma ero tenace e non mollavo. Volevo far sentire a Gabriella com'ero diventata brava. La lezione iniziava infatti con l'esecuzione dei brani studiati (e qui l'emozione giocava tiri mancini). Ma Gabriella sorridendo mi incoraggiava e sminuiva gli errori. Lei capiva la mia fatica, ma vedeva anche il mio entusiasmo!
Dopo 2 anni di "duro lavoro" mi sono fratturata un dito (non suonando), intanto è arrivato anche il quarto nipotino... Vi lascio immaginare come sia stata sofferta la decisione di interrompere le lezioni. Non sono diventata una pianista (ho sempre detto che se avessi potuto iniziare da bambina sarei diventata "qualcuno") ma sono felice delle emozioni che ho vissuto, stavano nel mio cuore da tanti anni. E di questo ho reso partecipi i miei nipotini che seduti in fianco a me ascoltavano a bocca aperta le mie suonate. Ho interrotto. Chissà se ho definitivamente chiuso!!! Grazie Gabriella

**Maria Rosa Bellani**

Ciao ho 30 anni. Ho iniziato a suonare il piano 2 anni fa. Dopo un momento difficile ho pensato che era arrivato il momento di fare qualcosa che avevo sempre voluto fare ma non mi ero mai convinta, così tramite un'amica di Gabriella, nel parlare del mio desiderio, mi disse di prendere il numero di questa insegnante e che non me ne sarei pentita. Così ho preso coraggio e ho provato partendo da zero. Non avevo alcuna base dalla quale partire, ma questo non è mai stato un problema anzi.
Gabriella è un'ottima insegnante dotata di una pazienza straordinaria e tu senza nemmeno accorgertene, ti ritrovi a suonare, e questa è una cosa bellissima. Alla fine di ogni lezione hai dei "compiti" da fare a casa, ma anche lì lei riesce a non fartene sentire il peso se per un motivo o per l'altro non ti ci puoi dedicare come vorresti, lei non te ne dà mai una colpa. E' pienamente consapevole del fatto che se uno lavora tutto il giorno, è normale che possa succedere di rimanere indietro. La verità è che non importa se sei uomo o donna, se sei giovane o vecchio. Io ho provato sulla mia pelle che il piano, se c'è amore

ed interesse, tutti possono suonarlo. E se per qualcuno il problema è anche il prezzo di un pianoforte, io uso quello elettrico che ha tasti uguali ad un piano e il suo prezzo di uno usato è davvero alla portata di tutti.

Patricia Izquierdo Alarcon

Il desiderio di approcciarsi allo studio del pianoforte nasce nel profondo, nell'intimo; ha origine dal bisogno di imparare a suonare i tasti dell'anima per comporre la melodia della vita.

L'esercizio permette di sperimentare ogni giorno la bellezza: la fatica nel ricrearla e la gioia e la soddisfazione nel donarla. Spartiti e regole matematiche precise, a tratti fredde inibiscono e allo stesso tempo affascinano perché sono gli strumenti attraverso i quali si crea vita, emozioni, colore.

Schopenauer parlava di "metafisica dei suoni", la musica era dal filosofo considerata la più sublime delle arti per il suo potere catartico. E' proprio vero: la musica che si ascolta e si impara nota dopo nota a creare è al di là (mera) della realtà fisica (perysis) e per questo in grado trasportare in mondi lontani: ha la capacità di cullare, consolare o scuotere. Ogni tasto bianco è un giorno, ogni tasto nero un ostacolo: suonare il piano significa comprendere che a volte un accordo si realizza proprio grazie a quell'indispensabile tasto nero; suonare il piano è capire che l'autenticità nasce

dalla diversità dal silenzio, dal caos, dall'insieme. Il pianoforte insegna che, forte o piano, è essenziale emettere un suono, farsi sentire. Gabriella con la sua pazienza, gentilezza e passione è la guida giusta in questo percorso.

Marika Andreoli

Ho frequentato le lezioni di pianoforte della Maestra Gabriella Lozza per quasi dieci anni, iniziando a cinque anni con le mie prime note per arrivare infine ad affrontare i primi brani di un certo respiro. Passato poi allo studio dell'organo, i docenti che mi hanno seguito successivamente hanno riconosciuto in me una formazione di base valida e completa.

Federico Capoani

Ho conosciuto Gabriella trent'anni fa, quando ho chiesto ho chiesto ai miei genitori di iniziare a prendere lezioni di pianoforte. Era un desiderio rimandato da tanto: un pianoforte a coda di plastica era arrivato per Santa Lucia, quando avevo forse due o tre anni, una pianola qualche anno dopo, ma nessuna lezione. Le note, come si diceva in dialetto, le conoscevo, mancava tutto il resto...

Ricordo il timore delle prime lezioni: la timidezza, lo stupore nel sentire le prime note suonate su un pianoforte vero! Gabriella ha una sensibilità speciale per cogliere il lato "musicale" di ogni suo allievo, e ha saputo cogliere anche il mio! Sa trovare il compositore e il brano giusto per ciascuno dei suoi ragazzi, perché suonare uno strumento permette di esprimere la propria personalità e ci si mette un po' a nudo... forse è per questo motivo, che nonostante le sue rassicurazioni, ho sempre avuto grandi riserve a suonare in pubblico.

Dopo poco più di dieci anni di lezioni, ho dovuto smettere e il mio pianoforte è rimasto chiuso per tanto tempo. La musica però è rimasta lì dentro, e quando capitava di sentire un pezzo, o di ascoltare una canzone, tornava sempre la stessa sensazione, quella di aver interrotto qualcosa.

Il pianoforte è arrivato nella mia casa, ha visto nascere i miei tre bambini, che si sono divertiti a suonarlo per sentire i "suoni piccoli e quelli che fanno paura", è stato spesso piano di appoggio per i panni stirati o per i libri. Ho tenuto a mente, però, le raccomandazioni di Gabriella "la musica è sempre intorno e ha un grande potere" e così, ho sempre cantato qualche canzoncina quando dovevo far addormentare i bambini, quando li imboccavo, quando dovevo calmarli perché piangevano. E ha sempre funzionato! La musica deve essere veramente passata anche dentro di loro, tanto che la mia prima figlia ha voluto iniziare a suonare.

Non c'erano dubbi, ho chiamato Gabriella! Subito dopo la prima lezione Anna ha messo le mani sul pianoforte... e suona!

Il metodo che si usa ora è molto cambiato prima ci si preoccupava molto di più della tecnica, adesso ho colto che riuscire a suonare subito semplici melodie è molto più utile per avventurarsi nello studio di uno strumento bellissimo e complesso come il pianoforte. Verranno sicuramente i solfeggi e gli esercizi, difficili e noiosi, ma saranno intervallati da qualcosa di orecchiabile e piacevole da suonare e ascoltare.

A Gabriella va il merito di aver valorizzato una parte di me stessa, un talento, che avrei nascosto per timidezza e scarsa autostima.

**Elisa Bianchessi**

---

Ringrazio Gabriella per le bellissime lezioni fatte con lei... imparare a suonare il pianoforte è stato semplice, divertente, veloce.

**Paola Pini**

---

Ho studiato il pianoforte con Gabriella per alcuni anni e la ringrazio per la pazienza e la dedizione con cui mi ha seguito. La consiglio a chiunque voglia iniziare con questo strumento!

**Alfredo Pini**

www.pianofortelezioni.it

«Le persone capitano per caso nella nostra vita. Ma non a caso.»

Alda Merini

# Livello 1

## 23 lezioni

## Come sedere al pianoforte

È importante sedersi al pianoforte davanti al centro della tastiera e alla giusta altezza in modo che le braccia e le mani abbiano la massima libertà di movimento.

Per non prendere brutte abitudini, per mantenere in salute le articolazioni della mano, per non farti venire dolori al collo e alla schiena, tutte le volte che ti siedi al pianoforte, prima di iniziare a suonare, ti consiglio di controllare quanto segue:

- Siedi dritto, solo leggermente inclinato in avanti, sulla parte anteriore dello sgabello, mi raccomando non su tutto lo sgabello.
- Siediti non troppo vicino e neppure troppo lontano dalla tastiera.
- Lo sgabello deve essere allineato al pianoforte.
- Sarebbe meglio avere la panchetta e non lo sgabello rotondo.
- Regola l'altezza della panchetta in modo tale che i gomiti e gli avambracci non siano più in basso del livello della tastiera.
- Le ginocchia devono stare un poco sotto la tastiera.
- Poggia i piedi sul pavimento.
- Il piede destro può stare leggermente più avanti rispetto al sinistro.
- Non incrociare le gambe o i piedi.
- Tieni le braccia, le mani e i polsi rilassati. Non alzare le spalle.
- I gomiti devono essere aderenti al corpo.

Le eccezioni ci sono sempre ad esempio il grande pianista Glenn Gould non teneva una corretta postura, per suonare il pianoforte al posto della panchetta utilizzava una normale sedia.

Non esiste un unico modo di sedere al pianoforte. Siamo tutti diversi per costituzione ed altezza e nella ricerca della posizione ideale davanti al pianoforte concorrono anche la dimensione, la forma del pianoforte e l'altezza della tastiera da terra. L'obiettivo è rimanere in equilibrio e muoversi liberamente e senza fatica lungo tutta la tastiera.

## Come trovare le note sulla tastiera

La tastiera è composta da una serie ininterrotta di tasti bianchi e da gruppi di tasti neri. Questo ci permette di trovare con più facilità le note sul pianoforte. Le note sono sette (Do Re Mi Fa Sol La Si) e si ripetono ciclicamente sulla tastiera.

Il nome di ogni singolo tasto bianco si può trovare in relazione ai tasti neri: i tasti neri sono a gruppi di due e di tre.

Il DO si trova a sinistra del gruppo di due tasti neri
il RE si trova in mezzo al gruppo di due tasti neri
il MI si trova a destra del gruppo di due tasti neri
il FA si trova a sinistra del gruppo di 3 tasti neri
il SOL si trova fra il primo e il secondo tasto nero nel gruppo di 3 tasti neri

Il LA si trova fra il secondo e terzo tasto nero nel gruppo di 3 tasti neri

Il SI si trova a destra del gruppo di 3 tasti neri.

## Come premere i tasti del pianoforte

Quando suoni tieni le dita curve, mi raccomando unghie corte, immagina di tenere in mano una pallina, in modo delicato senza romperla. Mantieni una corretta posizione delle mani, curva le dita e suona con le punta delle dita/polpastrello senza piegare la prima falange. Il pollice poggia sul tasto solo per la lunghezza dell'unghia e non deve mai stare all'esterno della tastiera.

La forma della mano rilassata come quando cammini è la forma corretta per suonare: seduto, con le braccia tenute come quando cammini, solleva il braccio con la mano che pende e la posizioni sul pianoforte senza cambiare forma alla mano, tieni il polso allo stesso livello delle braccia.

In seguito la mano si adatterà ai brani da eseguire e si useranno anche le dita distese, oppure la mano si spingerà fin dentro i tasti o uscirà fuori dai tasti neri.

I tasti vanno premuti con decisione fino in fondo senza contrarre le dita.

Il braccio deve essere morbido dal polso alla spalla, sia nel piano che nel forte.

Quando si suona non si muovono solo le dita ma partecipa tutto il corpo. Si devono però evitare movimenti inutili. Lo scopo è di ottenere il massimo risultato con il minimo di dispendio di energie.

Prima di abbassare qualsiasi tasto devi decidere quanto suono vuoi ottenere, ascolta sempre con attenzione la musica che suoni. Il suono del pianoforte non è sempre uguale, come nelle tastiere non pesate. Si ottiene un suono più o meno forte secondo la maggiore o minore pressione delle dita sui tasti.

Quindi se abbassi un tasto con poca forza ottieni un suono piano, quando lo abbassi con più forza produci un suono più forte. Le dita devono premere i tasti da vicino e a fondo sia nel piano che nel forte.

Suona con un tocco legato: collega i suoni tra loro in modo continuo, uniforme e scorrevole, senza interruzioni, senza pause di silenzio fra un suono e l'altro.

## Tecnica pianistica

Gli esercizi di tecnica pianistica servono per ottenere il maggiore rendimento con il minore consumo di energia. I problemi tecnici dell'esecuzione pianistica sono i seguenti:

- Uguaglianza, indipendenza e mobilità delle dita.
- Passaggio del pollice (scale-arpeggi).
- Estensioni.
- Tecnica del polso, esecuzione degli accordi.
- Salti della mano su ampie distanze.
- Doppie note.

Per sviluppare una corretta tecnica pianistica devi muovere le mani con movimento leggero quando si sollevano e si abbassano sulla tastiera; le dita devono essere raccolte, non allargate.

Non ci devono essere tensione dei muscoli del palmo, del polso e delle dita. Quando suoni, le dita devono essere arrotondate e premere i tasti come affondassero nella pasta frolla. Gli esercizi di tecnica sono utili, ritengo però che, all'inizio dello studio del pianoforte, sia preferibile eseguire esercizi di tecnica pianistica necessari al brano musicale che si vuole studiare. **La cosa migliore è utilizzare il brano musicale per fare tecnica pianistica.**

# Bovi Bovi

Un poco mosso

Bo - vi  Bo - vi  do - vean - da - te  che le  por - te  son ser - ra - te?

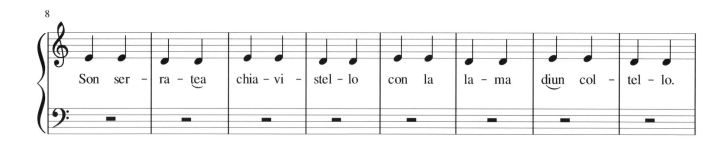

Son ser - ra - tea  chia - vi - stel - lo  con la  la - ma  diun col - tel - lo.

## Bovi Bovi

Le note sono semiminime o quarto e la loro durata è di un tempo. **Prime due righe:** chiave di violino, note per la mano destra. Posiziona il dito medio sul quarto Mi partendo dalla tua sinistra, in questo modo l'indice si troverà posizionato sul Re. Suona otto volte di seguito senza interruzioni Mi Mi Re Re. Le note devono avere tutte la stessa durata, ad esempio un suono per ogni secondo. **Terza e quarta riga:** chiave di basso, note per la mano sinistra. Posiziona il dito medio sul quarto la partendo dalla tua sinistra (terza ottava); in questo modo l'indice si troverà posizionato sul Si. Suona otto volte di seguito Si Si La La. **Tecnica:** suona lo stesso brano con dita diverse, suona anche forte, piano, lento e veloce.

# Diteggiatura

Per facilitare e rendere più razionali i movimenti, delle dita e delle mani sulla tastiera, le dita vengono numerate. I numeri indicano con quali dita i tasti devono essere abbassati.

Nella musica per pianoforte le dita sono numerate in questo modo:

*1 pollice*
*2 indice*
*3 medio*
*4 anulare*
*5 mignolo*

La diteggiatura è molto importante: una cattiva diteggiatura può rendere difficile un passaggio facile e impossibile un passaggio difficile.

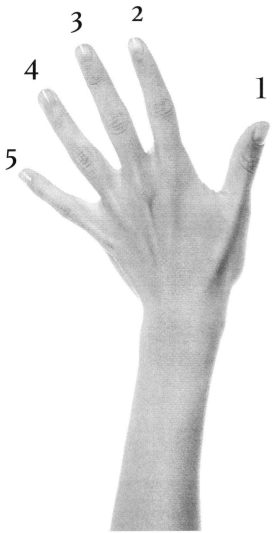

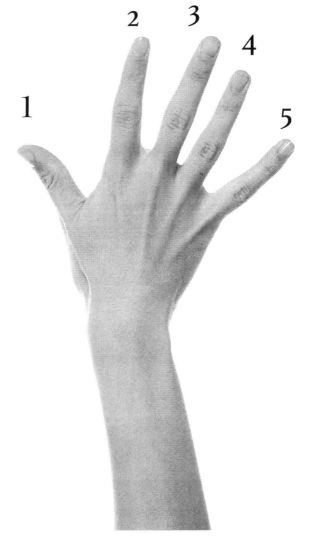

## Il pentagramma

Le note si scrivono sul rigo musicale, chiamato anche pentagramma.

Il pentagramma è formato da 5 linee e 4 spazi. Per il pianoforte si usa il doppio pentagramma: è formato da due pentagrammi uniti da una graffa.

Il pentagramma superiore-suoni acuti è indicato dalla chiave di violino o chiave di sol. Generalmente indica le note per la mano destra.

Il pentagramma inferiore-suoni gravi è indicato dalla chiave di basso o chiave di fa. Generalmente indica le note per la mano sinistra.

**Nello spazio tra i due pentagrammi si scrive la nota do, che corrisponde al do centrale del pianoforte.**

Questo ti aiuta a trovare le note, scritte sul pentagramma, sul pianoforte.

«Tutti partecipiamo alla creazione siamo tutti Re, Poeti, Musici, non c'è che da aprirsi come fiori di loto per scoprire tutto ciò che era in noi.»

*Henry Miller*

Il doppio pentagramma è formato da 11 linee, la linea centrale della nota do non si scrive tutta ma solo un pezzettino. La linea centrale è il trattino che taglia la nota do in due. Ed è mobile.

Le note scritte sul pentagramma hanno sempre il loro corrispettivo esatto sulla tastiera ed è sempre quello.

Le sette note musicali si ripetono in posizioni diverse sul pentagramma quindi ad una nota specifica corrisponde sempre lo stesso specifico tasto.

Le note si muovono in tre modi sul pentagramma: in su, in giù o si ripetono. Si muovono di grado o saltano.

L'altezza dei suoni è rappresentata dalla posizione che le note occupano sul pentagramma o rigo musicale. Le linee e gli spazi del pentagramma si contano dal basso verso l'alto.

## Battuta o misura

Il pentagramma è diviso da righe verticali chiamate stanghette.

Lo spazio tra una stanghetta e l'altra si chiama battuta o misura.

Alla fine di un brano musicale c'è una doppia stanghetta conclusiva, una stanghetta sottile e una in grassetto.

Ogni battuta contiene un numero uguale di battiti (tempi, movimenti, pulsioni) indicati da frazioni che sono poste all'inizio del brano, dopo la chiave.

Il numero superiore della frazione indica il numero di battiti di ogni battuta.

Il numero inferiore della frazione indica il valore di ogni battito.

Queste frazioni prescrivono il tempo delle battute.

**Il primo tempo di ogni battuta si chiama tempo forte.**

# Indicazioni di tempo

Il tempo è l'unità di misura per calcolare la durata dei suoni.

Si indica con una frazione scritta all'inizio di un brano, o di una sezione di un brano.

Il numero superiore (numeratore) indica quanti movimenti ci sono in ogni misura (il numero dei tempi in ogni battuta). Il numero inferiore (denominatore) indica quale tipo di nota equivale ad ogni singolo movimento-tempo.

Talvolta il numero inferiore è sostituito da una nota.

Tempi a suddivisione binaria:
(il tempo e il suo valore sono divisibili in due parti)

2 significa due tempi/movimenti per ogni misura
4 significa che la semiminima/quarto corrisponde a un movimento

3 significa tre tempi/movimenti per ogni misura
4 significa che la semiminima/quarto corrisponde a un movimento

4 significa quattro tempi/movimenti per ogni misura
4 significa che la semiminima/quarto corrisponde a un movimento

Tempi a suddivisione ternaria:
(il tempo e il suo valore sono divisibili in tre parti)

6 significa sei tempi/movimenti per ogni misura
8 significa che la croma/ottavo corrisponde a un movimento.

9 significa nove tempi/movimenti per ogni misura
8 significa che la croma/ottavo corrisponde a un movimento

12 significa dodici tempi/movimenti per ogni misura
 8 significa che la croma/ottavo corrisponde a un movimento

Il tempo 4/4 si chiama anche tempo ordinario e si può esprimere con il segno C

## Suoni lunghi e corti

In base alla durata del suono e del silenzio si danno alle note forme diverse.

La durata dei suoni è rappresentata con precisione da simboli grafici chiamati: *figure musicali* (o valori) e indicano esattamente quanto un suono deve durare.

La durata dei silenzi è rappresentata con precisione da simboli grafici chiamati *figure di silenzio* (o pause) e indicano esattamente quanto un silenzio deve durare.

# Figure musicali e di silenzio

**Figure musicali (valori-durata)**

Intero o semibreve (quattro movimenti-tempi)

Metà o minima (due movimenti-tempi)

Quarto o semiminima (un movimento-tempo)

Ottavo o croma (un movimento-tempo contiene due crome)

Sedicesimo o semicroma (un movimento-tempo contiene quattro sedicesimi)

**Figure di silenzio (pause)**

Ad ogni figura musicale corrisponde esattamente una figura di silenzio:

Pausa di intero o semibreve (quattro tempi-movimenti)

Pausa di metà o minima (due tempi-movimenti)

Pausa di quarto o semiminima (un tempo-movimento)

Pausa di ottavo o croma (un tempo-movimento contiene due pause di crome)

Pausa di sedicesimo o semicroma (un tempo-movimento contiene quattro pause di sedicesimi).

# Contare bisillabicamente

## Tastiera: 7 Ottave

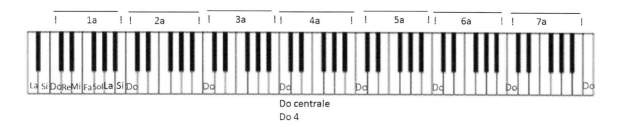

Do centrale
Do 4

## Suoni acuti e suoni gravi

Le note musicali sono sette (Do Re Mi Fa Sol La Si) e si ripetono ciclicamente, in tutto tra bianchi e neri i tasti del pianoforte sono 88.
La tastiera inizia con le note La e Si poi si ripetono le sette note per sette volte formando sette scale musicali di Do maggiore.

I suoni diventano sempre più acuti man mano che suoni verso destra (verso il registro acuto della tastiera), diventano sempre più gravi man mano che suoni verso sinistra (verso il registro grave della tastiera).

Quando suoni in ordine ascendente (le note sul pentagramma si muovono verso l'alto) le mani si spostano verso la parte destra della tastiera.
Quando suoni in ordine discendente (le note sul pentagramma si muovono verso il basso) le mani si spostano verso la parte sinistra della tastiera.

## Suonare legato

Suonare legato è la base fondamentale per una bella sonorità.
Si ottiene in questo modo:
premuto un tasto il dito si alza nel momento preciso in cui un altro dito preme un altro tasto.

Quindi fai attenzione: un dito non deve lasciare il tasto prima che un altro dito abbia suonato un altro tasto.
Una nota segue l'altra senza interruzione.
Evita di dare alla mano qualsiasi scossa, evita movimenti superflui e dita troppo sollevate.
Devi utilizzare il polpastrello e non l'unghia per suonare.

## Regole da applicare a tutti i brani

Suona e pronuncia i nomi delle note
Suona e canta le note musicali
Suona e conta i tempi a voce alta
Suona e canta il testo dei brani

# Bovi Bovi

Un poco mosso

Bo – vi    Bo – vi    do – vean – da – te

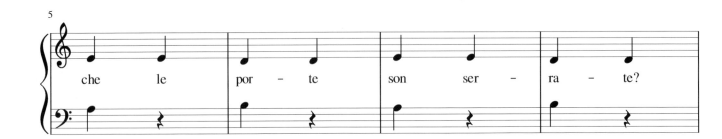

che   le   por – te   son ser – ra – te?

Son ser – ra – tea chia – vi – stel – lo

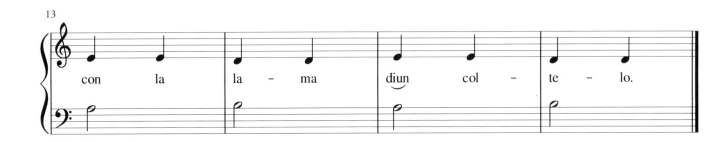

con la   la – ma   diun col – te – lo.

Bovi Bovi

Prima riga: suona con entrambe le mani.

Seconda riga: la mano sinistra suona solo sul primo tempo di ogni battuta, sul secondo tempo c'è la pausa di semiminima/quarto.

Terza e quarta riga: le note della mano sinistra sono minima/metà e durano due tempi.

Non guardare le mani quando suoni ma guarda lo spartito.

Suona contando bisillabicamente ogni tempo/movimento.

Il brano è in due tempi; conta ogni battuta dicendo u-no du-e, un numero per ogni nota semiminima/quarto.

# Posizione delle note sul doppio pentagramma

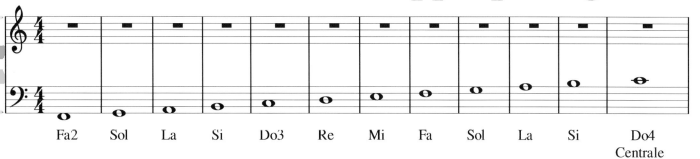

| | | | | | | | | | | | |
|---|---|---|---|---|---|---|---|---|---|---|---|
| Fa2 | Sol | La | Si | Do3 | Re | Mi | Fa | Sol | La | Si | Do4 Centrale |

| Do4 Centrale | Re | Mi | Fa | Sol | La | Si | Do5 | Re | Mi | Fa | Sol5 |
|---|---|---|---|---|---|---|---|---|---|---|---|

# Posizione note sul pentagramma

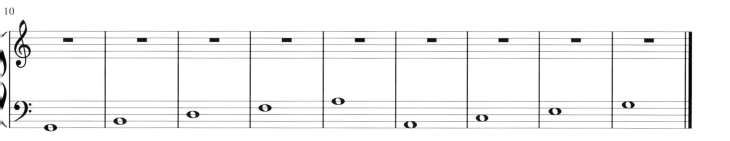

| mi | sol | si | re | fa | fa | la | do | mi |
|---|---|---|---|---|---|---|---|---|

Per ricordare più facilmente le note sul pentagramma memorizzale in questo modo.
Chiave di violino note sulle righe: Mi Sol Si Re Fa note negli spazi: Fa La Do Mi
Chiave di basso note sulle righe: Sol Si Re Fa La note negli spazi: La Do Mi Sol

**Suono canto creo**
Lezioni di pianoforte **Gabriella Lozza**

## Distanza fra le note

Le note musicali (Do Re Mi Fa Sol La Si) procedono per gradi congiunti. La distanza fra due suoni non è sempre uguale. La distanza fra una nota e l'altra può essere di tono o di semitono.

## Tono

E' la distanza tra due tasti vicini con un altro tasto tra di loro. Equivale a due semitoni.

## Semitono

E' la distanza tra due tasti vicini, senza altri tasti tra loro.
La distanza che c'è tra un tasto nero e uno bianco, ma anche tra due tasti bianchi ad esempio tra Mi e Fa e tra Si e Do.

## Intervalli armonici

## Intervalli melodici

### Intervalli

Le distanze fra una nota e l'altra sono chiamati intervalli.
L'intervallo tra due note suonate **separatamente**, una alla volta, si chiama *intervallo melodico*.
Quando due note vengono suonate **insieme**, simultaneamente, formano un *intervallo armonico*.
L'intervallo si misura contando i suoni che lo compongono.
La sua denominazione (ad esempio: di seconda, di terza ecc.) è data dal numero dei suoni contenuti nell'intervallo stesso. La denominazione dell'intervallo melodico può essere intesa tanto in linea ascendente che in linea discendente.
L'intervallo armonico lo devi sempre considerare solo dal basso verso l'alto.
Ricordati di contare anche il suono di partenza.
Do-Do non forma intervallo (Unisono-giusto)
Do-Re intervallo di seconda maggiore
Do-Re-Mi intervallo di terza maggiore
Do-Re-Mi-Fa intervallo di quarta giusta
Do-Re-Mi-Fa-Sol intervallo di quinta giusta
Do-Re-Mi-Fa-Sol-La intervallo di sesta maggiore
Do-Re-Mi-Fa-Sol-La-Si intervallo di settima maggiore
Do-Re-Mi-Fa-Sol-La-Si-Do intervallo di ottava giusta.
L'intervallo fra due note dello stesso nome si chiama ottava.

# Farfallina bella bianca
## senza accompagnamento

# Farfallina bella bianca
## con accompagnamento

## Trasporto

Significa suonare in una tonalità differente da quella scritta.

Si suonano note diverse ma gli intervalli tra di esse rimangono esattamente gli stessi.

Farfallina bella bianca trasportato una quarta sopra.

La mano destra suona le note Sol La Mi, la mano sinistra accompagna nella prima riga con le note Do Sol (intervallo melodico) e nella seconda riga le stesse note con l'intervallo armonico.

Studia il brano anche cambiando la diteggiatura della mano destra 341 452. Con la diteggiatura 231 devi spostare solo il pollice sul tasto vicino per suonare il Mi.

## Regole da applicare a tutti i brani

Non guardare le mani quando suoni e inizia a studiare a mani separate

Suona a mani unite solo quando sei sicuro a mani separate.

A mani separate studia anche così: suona le note della chiave di violino con la mano sinistra e suona le note della chiave di basso con la mano destra (devi cambiare la diteggiatura).

## Orecchio musicale

**L'orecchio si può educare**, puoi imparare ad avere orecchio.

È una abilità che si impara meglio da giovani ma si può imparare anche da adulti anche se con più fatica.

Si può imparare ma si può anche disimparare per cui devi tenerti allenato.

Ci sono due tipi di orecchio: l'orecchio relativo e l'orecchio assoluto.

**L'orecchio relativo** è la capacità di riconoscere gli intervalli, cioè le distanze fra i suoni, avendo un punto di riferimento base.

Ad esempio data una nota di riferimento che poniamo sia Do sei capace di riconoscere un'altra nota che viene eseguita dopo.

**L'orecchio assoluto** è la capacità di riconoscere l'altezza di una nota senza un punto di riferimento. Ad esempio senti un suono e sai dire che nota è.

**Come sviluppare l'orecchio**

Ti serve il pianoforte o una tastiera e sapere cantare la scala di Do maggiore nella posizione centrale del pianoforte quella che inizia dal Do4, sono i tasti bianchi del pianoforte.

Canta la scala di Do in senso ascendente e discendente mentre la suoni.

Suona solo la nota Do canta la scala senza suonare le altre note e controlla suonando solo la nota finale.

Poi canta solo la nota do e controlla se hai cantato la nota Do correttamente, fai questo per ogni nota della scala.

Quando sei sicuro inizi a distanziare i suoni cioè a intonare gli intervalli,

Suoni la nota do senza cantare e canti invece la nota Re, quindi controlli se hai cantato correttamente la nota Re. Ora fai il contrario suona Re canta Do poi controlli.

Fai questo con tutte le altre note: Do Re, Do Mi, Do Fa, Do Sol, Do La, Do Si, Do Do'.

Canta la melodia dei brani musicali pronunciando solo le note.

Poi suona solo la nota iniziale e senza suonare canti le note della prima battuta. Controlli alla tastiera se hai cantato correttamente, nel qual caso canti la seconda battuta senza la tastiera. Poi controlli la seconda battuta con la tastiera, se è corretto canti la terza battuta senza tastiera. Controlli con la tastiera, e fai così fino alla fine del brano.

Ripeti questi passaggi con melodie che non conosci.

Inoltre tutte le volte che inizi la sessione di studio prima di suonare canta la prima nota di una canzone che conosci e controlla poi al pianoforte.

# Definizione di stonato

*Tratto dal Cantar Leggendo di Roberto Goitre.*[1]

"Un discorso particolare si deve fare per non fraintendere la qualifica di -stonati- e considerare tali tutti coloro che non sanno emettere un suono intonato. Coloro che, data una nota, ne intonano un'altra non sono stonati o, almeno sono stonati relativi e quindi recuperabili.

.......Lo stonato irrecuperabile è quell'elemento che, INVECE DI INTONARE LA NOTA, LA PARLA, di solito gutturalmente. Sovente tale fenomeno è sinonimo di qualche disfunzione patologica (delle adenoidi, delle corde vocali o dell'orecchio)."

Se pensi di non sapere intonare una nota sappi che la voce parlata è un suono musicale e ha una sua altezza.

Prova a dire il tuo nome parlando normalmente e tieni l'ultima vocale del nome lunga, esempio: Gabriellaaaaaaaaaaaaaaaaaaaaaaaaaaaaaa.

Scoprirai di emettere un suono intonato.

Poi cerca sulla tastiera il suono che hai emesso con la vocale tenuta lunga.

O comunque un suono che più si avvicina a quello emesso con la voce.

Perché con la voce possiamo emettere più suoni (prova imitare la sirena) di quelli comunemente codificati (scala musicale).

---

1 ROBERTO GOITRE, Cantar Leggendo, Edizioni Suvini Zerboni, Milano V edizione 1978, XXI

## Contare quando si suona

È **molto importante** contare bisillabicamente i movimenti di ciascun tempo: u-no, du-e, tre-e, quat-tro ad alta voce.
Poi potrai contare mentalmente. Ed in seguito non contare più.
La maggior parte degli errori sono errori ritmici, cioè non ri-
spettare la durata esatta delle note e delle pause.

Quando nei brani trovi le crome puoi contare così:
- **conti le crome/ottavo**: un numero per ogni croma (conti la
  suddivisione)

Ad esempio: in una battuta da 2/4 ci sono quattro ottavi/cro-
  me, conti 1 2 3 4 un numero per ogni croma/ottavo.
- **conti la semiminima/quarto**: un numero per ogni semiminima.

## Consigli per studiare

Come **prima cosa** ti ricordo che per studiare in modo autonomo devi avere **autodisciplina** e una forte
**motivazione**.
Ti ricordo anche che si impara per **prove ed errori**.

**Puoi raggiungere un risultato solo se sei disposto, come in tutte le cose, a impegnarti per otte-
nerlo.** Può andare benissimo un risultato medio se questo è ciò che vuoi. Se invece vuoi ottenere un
ottimo livello devi impegnarti a studiare almeno 15 minuti al giorno ed essere costante nello studio.
Il risultato ti ripagherà di tutto l'impegno che avrai dedicato allo studio.

**Errori da evitare:**
- Suonare brani che non sono ancora alla tua portata
- Suonare velocemente un brano appena appreso
- Avere poca pazienza e pretendere troppo da se stessi
- Suonare troppo senza fare pause
- Continuare a studiare se ti senti le dita indolenzite
- Non studiare tutti i giorni.

**Come studiare:**
- Indispensabile suonare **tutti i giorni**, anche poco ma tutti i giorni. Pensa alla palestra, non ottieni
  risultati se non ti alleni. E' importante studiare tutti i giorni per rendere forti, agili e indipendenti
  le dita, ma non solo, quando si dorme il cervello elabora ed assimila quello che hai imparato. Non
  è la stessa cosa studiare due ore un giorno solo la settimana e non fare niente negli altri giorni. Il
  risultato lo ottieni se quelle due ore le distribuisci nell'arco della settimana.
- Prima di iniziare a suonare **analizza il brano**, le note, la loro posizione sul pianoforte, la diteggiatura. Questo ti aiuterà a memorizzare.
- **Controlla la posizione** del corpo e delle mani mentre suoni **per suonare in modo rilassato.**
- Inizia a studiare a **mani separate moderatamente forte**, studia **lentamente** poi, sempre a mani

www.pianofortelezioni.it

«*I progre
dipendono più dalla cur
coscienziosa porta
negli stu
che dal numero di o
passate al pianoforte.*

*Antoine F. Marmon*

separate, **velocizza.** Questo modo ti permette di concentrare l'attenzione sulla melodia o sull'accompagnamento, di ottenere una maggiore precisione e una migliore qualità di esecuzione. Solitamente la **mano sinistra è più debole** (per i mancini è la destra) quindi dovrai farla lavorare di più rispetto alla mano destra.

Studiare a mani separate favorisce anche la memorizzazione.

- Suona **a mani unite solo** quando sei sicuro a mani separate, e inizialmente a una velocità inferiore rispetto allo studio a mani separate.
- **Suona prestando attenzione** alle dinamiche musicali, al legato, allo staccato, al suono.
- **Finisci** la sessione di studio suonando il brano una volta lentamente.
- **Scegli un orario** durante la giornata che possibilmente sia sempre quello.
- Cerca di **essere concentrato** e abbi chiaro che cosa devi fare e non distrarti.
- All'inizio **bastano 15 minuti** al giorno di studio, tutti i giorni per non perdere quello che hai acquisito. Se durante la giornata ti capita di avere anche solo tre minuti liberi per studiare. Farai quello che quei 3 minuti ti permetteranno di fare.
- Non suonare per troppo tempo di seguito, **fai delle pause.**
- **Se** studiando ti senti le **dita indolenzite,** se senti la mano **affaticata** dallo sforzo e dalla tensione o hai dei **dolori** smetti, fai una pausa, **riposati.**
- **Respirazione** Quando si suonano brani difficili non bisogna dimenticare di respirare. La mancanza di ossigeno rende difficile suonare in modo musicale.

**I passaggi difficili vanno studiati singolarmente. Se ci sono due battute difficili, poniamo ad esempio la prima e l'ultima battuta, esercitati ripetendo prima solo quelle due battute una decina di volte o anche di più se serve per riuscire ad eseguirle con sicurezza ad una discreta velocità.**

**Abituati a non fermarti per correggere gli errori, non riprendere da capo, ma finisci il brano.**

## Consigli sull'uso della Voce

"Suono il pianoforte" non è un corso di canto.

Ma cantando (solfeggio cantato) le note dei brani impari a riconoscere gli intervalli musicali utili per lo sviluppo dell'orecchio.

Urlare o parlare a voce molto alta rovina la voce. Anche cantare quando siamo raffreddati e/o abbiamo il mal di gola.

Canta le note senza forzare, sottovoce. Non usare il plesso solare ma usa la parte bassa dell'addome. Il collo e il mento devono formare un angolo di 90°.

Due esercizi per il fiato da eseguire prima sdraiati, poi seduti e per ultimo in piedi.

I vocal coach consigliano di fare tre sessioni di mezz'ora alla settimana:

1 pronunciare la effe quando si espira

2 mentre si espira contare fino a 10.

Il riscaldamento della voce deve coinvolgere tutto il corpo:

i vocal coach consigliano come riscaldamento della voce in preparazione ad un evento di camminare a passo svelto per 15 minuti e mentre si cammina cantare sommessamente a bocca chiusa per 5 minuti. Se non si riscalda la voce, la voce si affatica prima. E più si invecchia più serve il riscaldamento della voce. Per idratare le corde vocali consigliano di fare nebulizzazioni, fumenti con un cucchiaio di bicarbonato, bere due litri di acqua al giorno e mangiare cibi ricchi di acqua.

Suono canto creo
Lezioni di pianoforte **Gabriella Lozza**

## Emissione del suono

Per conoscenza ecco alcune nozioni sull'emissione del suono tratto dal "Cantar Leggendo" (con l'uso del DO mobile) di Roberto Goitre.[1]

VOCALE A (timbro ordinario)

La bocca dovrà avere una forma ovale, i denti superiori a una distanza di circa due centimetri da quelli inferiori, il dorso della lingua rilassato ed abbassato, i muscoli facciali rilassati come tendenti al sorriso e il suono della A, perché sia rotondo, ricco e pastoso, dovrà tendere quasi alla vocale O.

Esercitarsi ad emettere sulla nota Mi la vocale A.

Cantare i brani con la vocale A invece di dire il nome delle note.

Cantare la scala ascendente e discendente con la vocale A.

VOCALE I (timbro chiaro)

La vocale I si ottiene rialzando il dorso della lingua e abbassando il velo palatino senza mutare l'atteggiamento delle labbra mentre la punta della lingua sarà appoggiata costantemente alla radice dei denti incisivi che non dovranno avvicinarsi a quelli superiori più di quanto lo siano per la vocale A.

Cantare i brani con la vocale I invece di dire il nome delle note.

Dopo avere appreso l'emissione della I si eserciti il passaggio dalla A alla I su ciascuna nota senza mutare la forma della bocca e in un solo fiato.

Cantare la scala ascendente e discendente con la vocale I.

VOCALE U (timbro scuro)

Dalla I si passa alla U abbassando il dorso della lingua, rialzando la sua parte posteriore, spingendo all'indietro il velo palatino, aiutando tali movimenti con quello delle labbra che si accosteranno un poco.

Cantare i brani con la vocale U invece di dire il nome delle note.

Esercitare il passaggio dalla A alla I alla U e viceversa, mantenendo lo stesso suono in un solo fiato per ciascun gruppo di vocali.

Cantare la scala ascendente e discendente con la vocale U.

VOCALE E (timbro misto)

La vocale E, tanto in rapporto al suo timbro quanto per il punto di origine, si trova fra la A e la I. Questa vocale possiede molta sonorità ed il suo timbro è talvolta persino troppo chiaro perchè la lingua prende una posizione allargata rialzando il dorso, obbligando la colonna sonora a condensarsi verso il palato.

Per l'emissione di questa vocale si procuri di allargare la cavità orale evitando di rialzare troppo il dorso della lingua affinchè perda l'eccessiva sonorità e acquisti invece rotondità e affinità di colore con la vocale A.

Esercizi:

Sulla stessa nota esercitare il passaggio dalla U alla E.

Sulla stessa nota esercitare il passaggio tra le vocali A I U E.

Per gli altri esercizi rifarsi ai modelli proposti negli argomenti precedenti.

VOCALE O

L'emissione di questa vocale è pressappoco simile a quella della A.

Si badi soprattutto a non renderla troppo scura.

Esercizi: come per le precedenti vocali.

---

1 ROBERTO GOITRE, Cantar Leggendo, Edizioni Suvini Zerboni, Milano V edizione 1978, 95, 96, 97, 98

# Anghingò

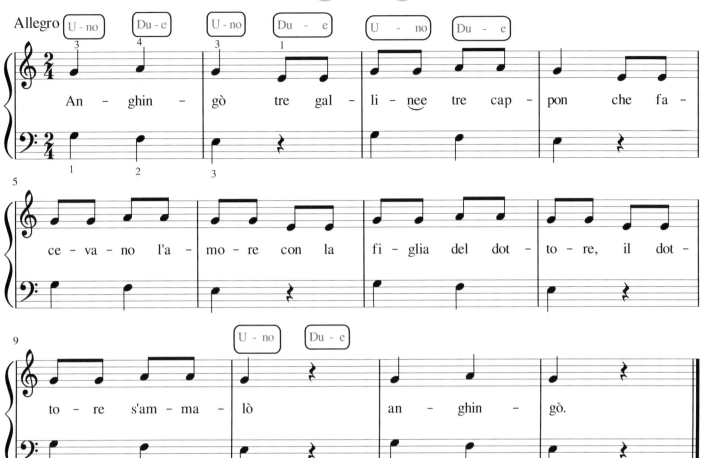

# Maria Giulia

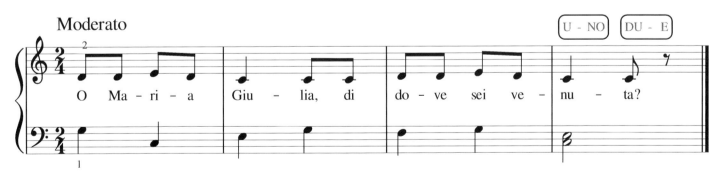

## Dinamica

Significa quanto forte o piano devi suonare.
Per la sonorità non esiste in musica un metro esatto
di misura, per questo l'esecuzione è individuale.

*pp*      pianissimo
*p*        piano
*mp*     mezzo piano (poco più di piano)
*mf*     mezzo forte  (poco meno di forte)
*f*         forte
*ff*       fortissimo
*cresc.* suonare gradatamente più forte
*dim.*   suonare gradatamente più piano
>          accento indica che le note devono essere
suonate con maggiore forza.
*sf*       Sforzato: un dato suono va eseguito più forte

«*Disciplina, lavoro.
Lavoro, disciplina.
E' più facile raggiungere
un risultato desiderato,
ottenendolo in piccoli pezzi.*»

*Gustav Mahler*

Per indicare il crescendo e il diminuendo si usano anche le "forcelle".
Per accentare diversi suoni di un intero passaggio si usa il termine
*rinforz. = rinforzando.*
Bisogna adattare le sonorità in base al brano, ad esempio lo sforzato si esegue meno forte nei pezzi
delicati e lenti.
Per ottenere suoni e accordi leggeri devi abbassare adagio e morbidamente i tasti con le dita poco curve.
Nei passi cantabili è utile non abbassare i tasti con le dita troppo ricurve ma utilizzare la falange tenuta
piatta.
Un crescendo richiede spesso un certo slancio, mentre il diminuendo richiede di ritardare un po'.

## Indicazioni di andamento o movimento

Sono segni convenzionali che ci indicano quanto lentamente o velocemente deve essere suonato un
brano.
Sono posti all'inizio della composizione.
I principali sono:
per i movimenti **lenti:** *grave, largo, lento, adagio*
per i movimenti **moderati:** *andante, andantino, allegretto, moderato*
per i movimenti **veloci:** *allegro, presto, prestissimo.*

## Accordo

Un accordo è formato da tre o più note suonate
contemporaneamente disposte per intervalli di terza.
L'accordo prende il nome dalla nota inferiore (fondamentale).
Tutte le note possono essere la fondamentale di un accordo.
L'esecuzione simultanea di due suoni non forma un accordo ma un intervallo armonico chiamato
bicordo.
Gli accordi principali di una tonalità sono quelli costruiti sul I, IV, V gradino.
Ad esempio tonalità di Do maggiore: primo gradino Do, quarto gradino Fa, quinto gradino Sol.

## Accordo maggiore

Prendo ad esempio l'accordo di Do maggiore: è costituito da due terze sovrapposte con le note Do Mi Sol.

Tra la nota Do e Mi si forma un intervallo di **terza maggiore** (due toni).

Mentre tra la nota Mi e Sol si forma un intervallo di **terza minore** (un tono più un semitono).

Se si abbassa di un semitono la seconda nota dell'accordo maggiore, l'accordo diventa minore.

Se si innalza di un semitono la seconda nota dell'accordo minore, l'accordo diventa maggiore.

## Accordo

Intero         Spezzato

## Accordo rivoltato

Do   Posizione fondamentale      Primo rivolto      Secondo rivolto

### Accordo (triade) rivoltato

Qualsiasi accordo in posizione fondamentale può essere rivoltato (disposto in modo diverso).

Si sposta la nota fondamentale nella parte superiore o nella parte centrale.

L'accordo in posizione fondamentale è formato da due terze sovrapposte,

l'accordo di primo rivolto è formato da un intervallo di terza e un intervallo di quarta,

l'accordo di secondo rivolto è formato da un intervallo di quarta e uno di terza.

## Consigli per lo studio degli accordi

Per ottenere accordi eseguiti perfettamente uguali devi tenere le dita aderenti ai tasti e premere con pressione uniforme.

Anche dal punto di vista dinamico gli accordi si possono suonare bene quando vengono eseguiti con le dita già in posizione e aderente ai tasti e abbassando i tasti mediante pressione.

E' importante non piegare la prima falange, eliminare tutti i movimenti superflui e rilassare i muscoli dopo l'esecuzione di un forte o fortissimo.

Quando suoni gli accordi non buttare giù la mano, ma abbassala in modo morbido e sciolto, pensa di affondare le dita nella pasta frolla.

Varia la dinamica ed esercitati suonando anche i rivolti dell'accordo.

# Ninna O

**Ripeti con le diverse diteggiature**

Moderato

*p* Nin - na nan - na, nin - na o, que - sto bim - bo a chi lo dò?

Lo da - rò al - la be - fa - na che lo tien 'na set - ti - ma - na.

Lo da - rò all' uo - mo ne - ro che lo tie - ne un an - no in - te - ro.

# Piove pioviccica

Allegro

*f* Pio - ve pio - vic - ci - ca, la lu - na s'ap - pic - ci - ca, s'ap -

pic - ci - ca sul tet - to e tut - ti van - no a let - to.

# Danza con me

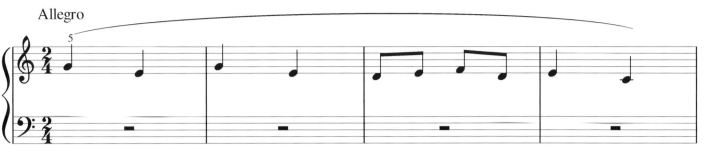

Creo l'accompagnamento

## Melodia e accompagnamento

Di solito, nella musica per pianoforte, la melodia è affidata alla mano destra mentre l'accompagnamento è affidato alla mano sinistra.
La maggior parte della musica per pianoforte si basa sul giusto equilibrio tra melodia e accompagnamento. L'accompagnamento dovrà essere sempre eseguito meno forte rispetto alla melodia. La melodia dovrebbe sempre "cantare".
Ci sono varie formule di accompagnamento: con accordi, accordi spezzati, valzer, boogie, basso albertino.

## Come armonizzare

Le note musicali formano la scala di Do e si chiamano anche gradi. Gli accordi costruiti sul primo, quarto e quinto gradino sono gli accordi principali di una tonalità e bastano per accompagnare una melodia.
Utilizzali sia nella posizione fondamentale che rivoltati.
Fai attenzione alla tonalità del brano per capire quali sono le note dei gradini principali sui quali costruire gli accordi.
Ad esempio: tonalità di Do maggiore
1° gradino Do. 4° gradino Fa. 5° gradino Sol a cui si aggiunge la settima nota Fa.

LEZIONE 6

Per evitare scomodi salti nell'accompagnamento si usano i rivolti dell'accordo: si collega un accordo all'altro mantenendo le note comuni, quelle che si muovono invece devono procedere per gradi congiunti.

**Armonizzare un brano**

La musica per pianoforte (ma non solo) è costituita principalmente da melodia e armonia.
Di solito trovi la melodia con il suo accompagnamento stampato integralmente sullo spartito.
Puoi trovare anche delle melodie dove l'armonia non è scritta integralmente.
In questo caso si fanno uso dei nomi delle note ad esempio: Do, Re, Mi, ecc.
Il nome indica la nota su cui viene costruito l'accordo e dà il nome all'accordo.
Quando invece trovi delle melodie che non hanno alcuna indicazione sull'armonia, dovrai cercare nella melodia le note che compongono gli accordi principali.

Danza con me

Le prime due battute, le note Sol Mi fanno parte dell'accordo di Do; usa l'accordo di do/1° gradino.
La terza battuta: il primo tempo inizia con la nota Re e il secondo tempo con la nota Fa, note che fanno parte dell'accordo di Sol/5° gradino con la sua settima nota; usa l'accordo di Sol settima di dominante.
Le prime volte non è necessario armonizzare ogni nota della melodia, usa un accordo per battuta.
Per il momento non armonizzare le note di passaggio della melodia. Le note di passaggio sono quelle note che nella melodia si muovono di grado tra una nota principale e l'altra.
Generalmente si trovano sui tempi deboli della battuta o sulle parti deboli delle suddivisioni dei tempi.
In Danza con me, terza battuta, la nota Mi è una nota di passaggio.

# Basso albertino

# Rivolto dell'accordo di sol settima di dominante

5   Rivolto 1 Triade in Staccia Buratta

# Cecco bilecco

Allegretto

Cec – co bi – lec – co    mon – ta sul – lo    stec – co, lo

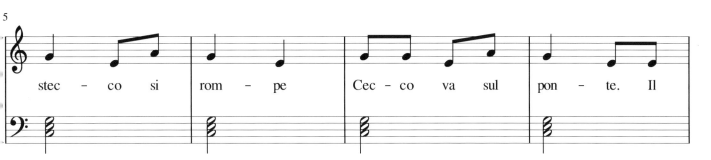

stec – co si    rom – pe    Cec – co va sul    pon – te.  Il

pon – te vain ro – vi – na,    Cec – co s'in – fa – ri – na,  fa –

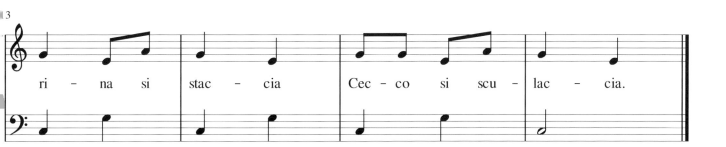

ri – na si    stac – cia    Cec – co si scu – lac – cia.

## Cecco Bilecco

Ho utilizzato solo l'accordo di Do.

Nella prima riga ho accompagnato con l'accordo spezzato, nella seconda riga con l'accordo intero, nella terza riga con il basso albertino. Si alternano le note dell'accordo con questa formula: Do Sol Mi Sol. La quarta riga ho usato solo due note dell'accordo: Do Sol.

# Staccia Buratta

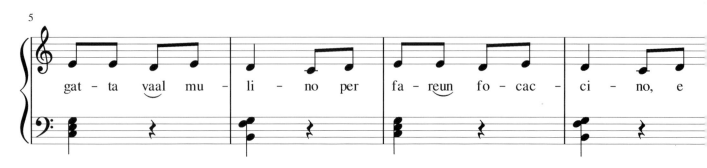

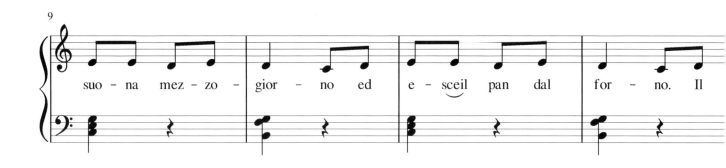

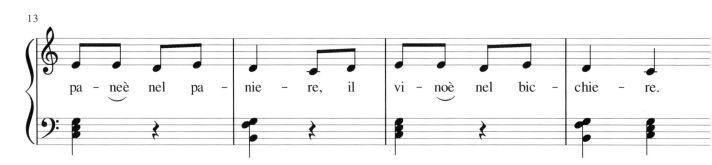

## Staccia Buratta

Seconda battuta: il quinto dito (mignolo) della mano sinistra si sposta sul tasto vicino.

Si alternano sul primo tempo di ogni battuta l'accordo di Do/tonica e l'accordo di Sol settima di dominante. Accordi costruiti sul 1° e sul 5° gradino.

# Accordo di Fa maggiore e rivolti

## Piccolo piccolo drago

*Piccolo piccolo drago*

La terzina è un gruppo di tre note.

Nel brano Piccolo Drago, le terzine sono di tre ottavi, e occupano la stessa durata di due ottavi (un quarto-un tempo); la terzina è indicata da un 3 coperto da una legatura posti sopra la barra.

Nella prima riga ho accompagnato con una nota singola dell'accordo, nella seconda riga ho utilizzato accordi spezzati di Do (1°gradino/tonica) e dell'accordo di Fa rivoltato (4° gradino/sottodominante), nella terza riga l'accordo intero. Seconda riga, prima battuta: il pollice della mano sinistra si sposta verso destra.

*Livello 1*

**LEZIONE 7**

# Pulsazione Piccolo piccolo drago

### Pulsazione Piccolo piccolo drago

Esercitati pronunciando le parole del brano mentre batti il tempo con le mani.

# Oh, che bel castello

### Oh, che bel castello

Inizia in levare sul secondo tempo, la battuta è incompleta. Le mani alternano melodia e accompagnamento. Attenzione al bilanciamento sonoro: la melodia deve essere più forte rispetto all'accompagnamento.

# Tramontana non venire

## La legatura

La legatura è una linea curva posta su due o più note.

Indica che le note comprese nel suo arco devono essere suonate in modo legato.

Alla fine della legatura si alza dolcemente il polso (respiro).

## Legatura di frase

E' una linea curva che abbraccia più suoni e definisce la frase musicale.

## Legatura di espressione

Unisce due o più incisi (battute), oppure mette in evidenza un disegno ritmico.

## Legatura di portamento

Unisce due suoni che si trovano su due gradi diversi.

Si suona accentando la prima nota e la seconda nota non deve essere legata alla nota che segue. Devi sollevare dolcemente il polso per ottenere il respiro.

«Costruisci i tuoi sogni, altrimenti qualcuno ti assumerà per costruire i suoi»

*Steve Jobs*

## Levare

Un brano musicale può iniziare con la battuta incompleta, cioè con meno tempi di quelli dell'indicazione di tempo.

## La scala musicale

E' formata da una successione di otto note, chiamate anche gradi.

L'ottavo suono è la ripetizione del primo suono in posizione più acuto o più grave.

La scala può essere:
- ascendente Do, Re, Mi, Fa, Sol, La, Si, Do;
- discendente Do, Si, La, Sol, Fa, Mi, Re, Do.

La scala procede per gradi congiunti e prende il nome dalla nota con cui comincia.

## Scala maggiore

E' formata da otto suoni disposti in una precisa successione di toni e semitoni: 5 toni e 2 semitoni (2 toni 1 semitono 3 toni 1 semitono)

Il semitono si trova tra il 3° e 4° grado, e tra il 7° e 8° grado.

La scala di Do maggiore è il modello da cui derivano tutte le altre scale.

## Ogni nota può essere l'inizio di una nuova scala.

Si devono quindi fare delle modifiche con l'uso del diesis e del bemolle in modo da riprodurre la stessa successione di toni e semitoni presente nella scala di Do maggiore.

La tonalità si basa sulle note delle scale. Se un brano si basa sulle note della scala di Do maggiore, è in tonalità di Do maggiore. Se si basa sulle note della scala di Re maggiore è in tonalità di Re maggiore ecc.

## I gradi della scala

A seconda della posizione che occupano sulla scala, i gradi hanno un nome particolare che ne indica la funzione in rapporto alla scala stessa.

I grado chiamato *Tonica:* è la nota iniziale della scala alla quale dà il nome

II grado chiamato *Sopratonica*

III grado chiamato *Mediante, Caratteristica o Modale:* determina il carattere della scala: maggiore o minore

IV grado chiamato *Sottodominante*

V grado chiamato *Dominante:* per la sua posizione al centro della scala domina sugli altri gradi

VI grado chiamato *Sopradominante*

VII grado chiamato *Sensibile:* è la nota più sensibile per la sua spiccata tendenza a risolvere sulla tonica

VIII grado chiamato *Tonica:* identica al I grado ma all'ottava superiore

## Intero o Semibreve

U - no  Du- e  Tre - e  Quat - tro

## Conta sillabando

Due tempi a suddivisione ternaria

U - no -o  Du- e - e    U - no -o  Du- e - e    U - no -o Du- e - e  U - no -o Du- e - e    U - n -o  Du- e - e  U - no -o Du- e - e

# Do maggiore
# Scala - accordi principali

## Scala Do maggiore

Studia la scala a mani separate. Quando passi alla esecuzione a mani unite incomincia prima per moto contrario, solo successivamente puoi passare al movimento parallelo.

Ti consiglio di suonare la scala per moto contrario perché le dita si muovono con moto simmetrico sulla tastiera.

Il passaggio avviene contemporaneamente e con le stesse dita di entrambe le mani.

MANO DESTRA:    passaggio del pollice (1) sotto il medio (3) quando sali,
                    passaggio del medio (3) sopra il pollice (1) quando scendi.

MANO SINISTRA: passaggio del medio (3) sopra il pollice (1) quando sali,
                    passaggio del pollice (1) sotto il medio (3) quando scendi.

# Giro girotondo

Di solito una melodia è composta da una frase-domanda che termina su una nota diversa dalla tonica, e da una frase-risposta che termina invece sulla tonica.

## Frasi musicali

La frase è una idea musicale-melodia.

La melodia rappresenta un succedersi di note che vengono raggruppate in frasi.

Di solito una melodia è composta da una frase-domanda che termina su una nota diversa dalla tonica, e da una frase-risposta che termina invece sulla tonica.

Le legature dividono la musica in frasi.

Attenzione! Non sempre le frasi sono esattamente segnate.

Alla fine della legatura si alza dolcemente il polso, c'è una sospensione/respiro.

Si incomincia la frase successiva con un nuovo movimento della mano.

Le parti del pensiero musicale dopo i quali viene fatta una sospensione sono gli incisi, semifrasi o frasi.

La parte più piccola del discorso musicale si chiama inciso.

L'inciso di solito occupa una misura o è a cavallo di due misure.

| Due incisi | (2 battute) | formano una semifrase |
| Due semifrasi | (4 battute) | formano una frase |
| Due frasi | (8 battute) | formano il periodo musicale o frase compiuta. |

# Guarda là quella bambina

Allegro con brio

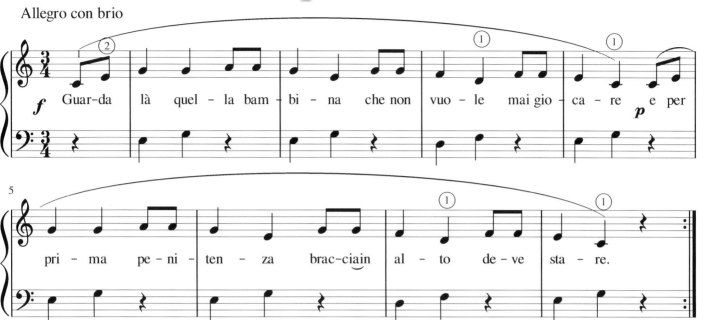

Guar-da là quel-la bam-bi-na che non vuo-le mai gio-ca-re e per

pri-ma pe-ni-ten-za brac-ciain al-to de-ve sta-re.

### Guarda la' quella bambina

Inizia sul terzo tempo e con l'apertura del pollice e indice.

L'ultima battuta ha il segno del **ritornello:** è un segno di abbreviazione. Significa che si deve ripetere tutta quella parte del brano musicale racchiuso tra due segni convenzionali: le doppie stanghette precedute da due punti ":".

In questo caso si ripete il brano dall'inizio.

## *Ritornello*

Si può presentare anche con l'indicazione 1a e 2a volta.

Oppure si può presentare con due finali:
*Finale* 1 indica che le battute sotto le parentesi vanno suonate solo la prima volta perciò saltate nella ripetizione; nella ripetizione devi passare subito alle battute segnate con *Finale* 2.

*Finale* 2 indica che le battute sotto le parentesi vanno suonate solo la seconda volta.

*Da capo al Fine* (abbreviato in *D.C. al fine),* significa che devi ripetere un pezzo dall'inizio e suonarlo fino alle parole fine.

www.pianofortelezioni.it

«*Ascolto e dimentico, vedo e ricordo, faccio e capisco.*»

*Proverbio cinese*

# Il cuculo col ciuco

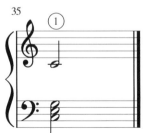

## IL CUCULO COL CIUCO

**Legatura di valore**

Quando delle note sulla stessa linea o nello stesso spazio sono unite da una linea curva, vengono chiamate note legate.

Il tasto viene tenuto premuto per tutta la durata delle note legate, devi sommare la loro durata.

La nota legata che segue non si ripete ma devi considerarla come continuazione della precedente.

# Passa il re di Francia

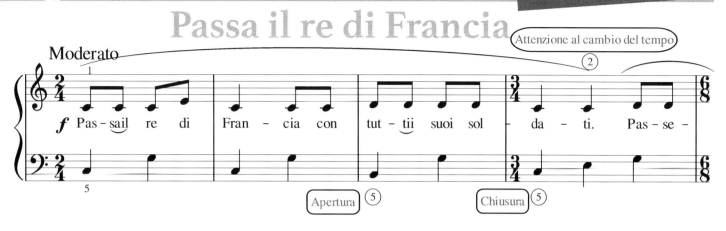

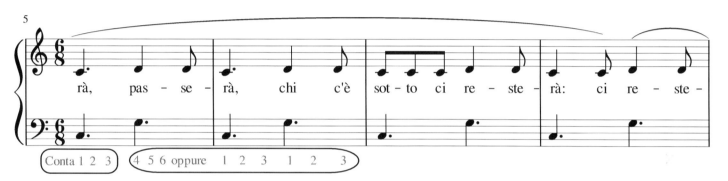

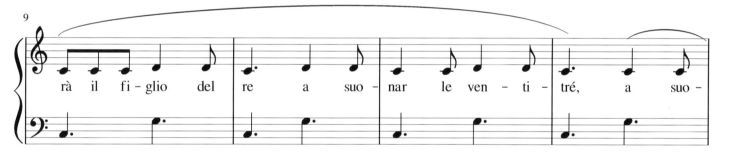

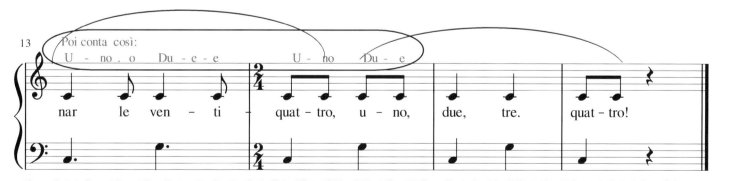

### Passa il re di Francia

Mano sinistra battuta 3 (apertura): sposta il dito 5 sul tasto vicino a sinistra (Si) le altre dita si sposteranno insieme tranne il dito 1 che rimane sul Sol.

Battuta 4 (chiusura): sposta il dito 5 sul tasto vicino a destra (Do)

# C'era una volta un papero

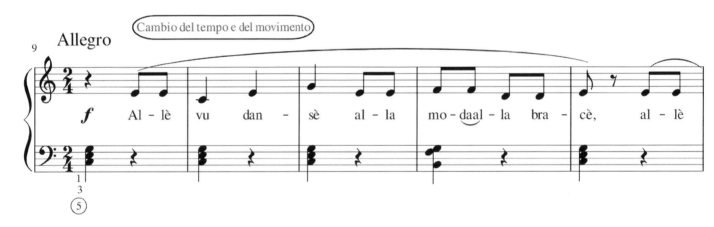

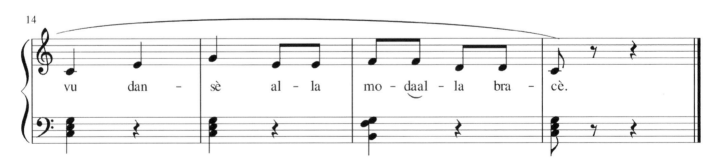

C'era una volta un papero

Mano destra prima battuta: sostituzione dita 1 2 3 1 sullo stesso tasto.
Mano sinistra (apertura) inizia con la nota Do dito 4. Posiziona il dito 5 sul Si e il dito 1 sul Sol.

## *Punto di valore*

E' un punto che viene sempre posto a destra della nota o della pausa e aumenta la nota o la pausa stessa di metà del suo valore. Il punto posto a destra di una minima/metà (due tempi) significa che la minima col punto aumenta di un tempo la sua durata. La minima col punto equivale a tre quarti/semiminime. Semiminima/quarto col punto: il valore complessivo è pari a tre ottavi.

Croma/ottavo col punto: il valore complessivo è pari a tre sedicesimi.

«*Non rimandare niente.*
*Aspettare non porta*
*da nessuna parte.*»

*Colette Haddad*

## Tempo 6/8

È un tempo a suddivisione ternaria: il tempo e il suo valore sono divisibili in tre parti.

Equivale a due tempi/pulsazioni: 3 ottavi per ogni tempo.
6 significa sei crome per ogni misura, 8 significa croma.

# Canta col merlo

Messico

Creo l'accompagnamento con gli accordi principali di Do magggiore

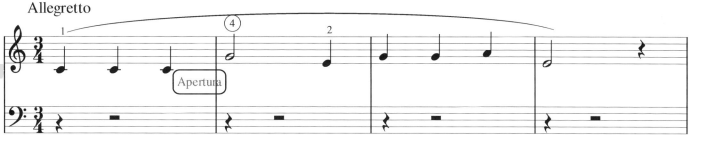

# Din don dan

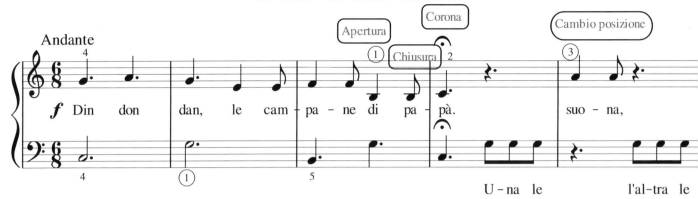

## Din don dan

Mano destra terza battuta: sposta il dito 1 a sinistra per suonare la nota Si, nota con taglio addizionale. Poi avvicini il dito 2 per suonare la nota Do. Quindi sposti la mano per eseguire il La della quarta battuta col dito 3.

## *Corona o punto coronato*

E' posta solitamente su una nota, su una pausa o su un accordo; indica che la nota o l'accordo devono essere tenuti più a lungo del loro valore. Non esistono regole fisse per la durate delle corone. Dipende dal tempo e sarà più lunga alla fine del brano. Generalmente si usa tenerla lunga più del doppio della nota o pausa sulla quale è posta. La sua durata dipende dalla sensibilità dell'esecutore.

# Ho perduto il cavallino

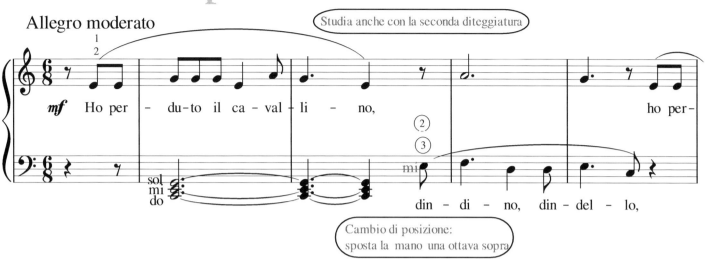

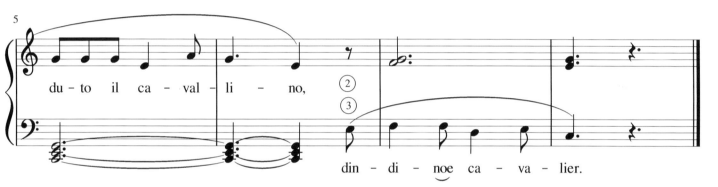

# Tagli addizionali

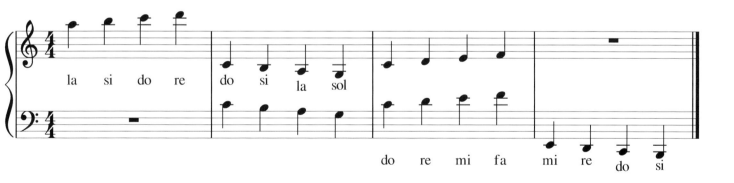

## Tagli addizionali

Al pentagramma si possono aggiungere sopra e sotto brevi linee supplementari chiamate tagli addizionali. Servono per scrivere le note dei suoni più acuti, o più gravi, per le quali il pentagramma non basta. Prolungano verso l'alto o verso il basso l'estensione del pentagramma.

# Ho scelto la più bella

## Levare

Il brano musicale può iniziare con la battuta incompleta, cioè con meno tempi di quelli dell'indicazione di tempo. Di solito i tempi mancanti si trovano nell'ultima battuta del brano. La nota o gruppi di note che precede la prima misura completa di un brano musicale si chiama **anacrusi**.

# Cecco velluto

Cec – co vel – lu – to, suo – na – mi l'im – bu – to,

suo – na – me – lo be – ne che San Mar – ti – no vie – ne.

# Ah, vous dirai-je Maman

## Il Ritmo

È una successione regolare di accenti forti e deboli corrispondenti al numero di movimenti-tempi, disposti in una misura.

«Vai avanti anche quando tutti si aspettano che lasci perdere.»

*Madre Teresa di Calcutta*

Il ritmo può essere:

*Binario* con 2 accenti: forte, debole (marcia)

*Ternario* con 3 accenti: forte, debole, debole (valzer)

*Quaternari* con 4 accenti: forte, debole, mezzo forte, debole.

L'accentuazione dei singoli tempi della battuta ci fa riconoscere il ritmo. Il primo tempo di una battuta è sempre accentato. I tempi accentati si chiamano forti, i tempi senza accento deboli.

Ci sono due tipi di accenti ritmici:

*accenti principali* (forti, deboli e mezzoforti)

*accenti secondari* (sono sulle suddivisioni di ogni movimento).

# Accordi principali La minore

Suona con il mignolo e il pollice il tasto nero sol diesis (♯) : è il secondo tasto nero nel gruppo dei tre tasti neri

Lam    Rem    Mi7    Mi

Mano destra sol diesis dito 4

## Alterazioni o accidenti

Sono segni che cambiano l'altezza delle note. Le note scritte sul rigo musicale corrispondono ai tasti bianchi. Le note corrispondenti ai tasti neri sono precedute dalle alterazioni: diesis, bemolle.

I diesis e i bemolli posti all'inizio del pezzo subito **dopo la chiave** e prima dell'indicazione del tempo sono validi per tutto il pezzo (*alterazioni costanti*) e prendono il nome di **armatura**. Quando sono scritti **prima di una nota** il loro effetto dura per tutta la battuta, e solo in quella battuta. Se nella stessa battuta la nota si ripete non si ripete il segno delle alterazioni.

In questo caso le alterazioni trovandosi nel corso del brano vengono chiamate accidenti o alterazioni di passaggio (*alterazioni momentanee*).

«*Se molli una volta diventa un'abitudine. Mai mollare.*»

*Michael Jordan*

www.pianofortelezioni.it

# Scala La minore

La minore naturale

La minore armonica

Le alterazioni che caratterizzano le scale minori armonica e melodica non compaiono come alterazioni costanti in chiave.

La minore melodica

Promemoria: Il bequadro annulla le alterazioni

# Dormi bimbo

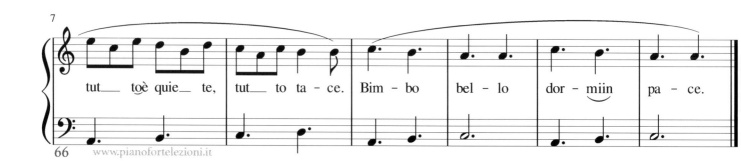

La minore

Lento

_p_ Nin - na   nan - na,   nin - na   nan - na.   Dor_ mi bim_ bo   del_ la mam - ma,

tut_ toè quie te,   tut_ to ta - ce.   Bim - bo   bel - lo   dor - miin   pa - ce.

# Fra' Martino

 **DIESIS** (alterazione) Il segno diesis indica che la nota va innalzata di un semitono (distanza più piccola tra due note), devi suonare il tasto immediatamente a destra sia esso nero o bianco.

 **BEMOLLE** (alterazione) Il bemolle indica che la nota va abbassata di un semitono, devi suonare il tasto immediatamente a sinistra sia esso nero o bianco.

 **BEQUADRO** (alterazione) Annulla l'effetto delle alterazioni in chiave e quelle introdotte nella battuta. Come promemoria, il segno del bequadro è spesso scritto anche nella misura successiva.

## Scala minore

Ad ogni scala maggiore corrisponde la relativa minore che conserva le stesse alterazioni costanti (armatura tonale) della scala maggiore. La scala minore relativa usa come nota di partenza il sesto grado della scala maggiore oppure si trova scendendo di un tono e mezzo (tre semitoni) dalla maggiore. Ci sono tre tipi di scale minori: naturale, armonica e melodica.

Si differenziano per la disposizione dei toni e semitoni. La *scala minore **naturale*** usa le stesse note alterate della scala maggiore. I semitoni si trovano tra il 2° e 3° grado, e tra il 7° e l'8°.

Nella *scala minore **armonica*** il 7° grado è alterato di un semitono ascendente.

I semitoni si trovano tra il 2° e 3° grado, tra il 5° e 6°, e tra il 7° e l'8° grado.

Questa disposizione si mantiene sia nel senso ascendente che nel senso discendente.

Nella *scala minore melodica **ascendente*** il 6° e 7° grado vanno innalzati di un semitono.

I semitoni si trovano tra il 2° e 3° grado, e tra il 7° e 8°grado.

Nella *scala minore melodica **discendente*** il 6° e 7° grado vanno abbassati di un semitono. Vengono cioè riportati allo stato naturale. I semitoni si trovano tra il 2° e 3° grado, e tra il 5 e 6 grado.

**Riassumo:**      la scala minore naturale ha le alterazioni uguali alla sua relativa maggiore,

                     la scala minore armonica ha innalzato il 7° grado di un semitono,

                     la scala minore melodica ha innalzato il 6° e 7° grado di un semitono ascendendo,

                     discendendo segue la scala naturale.

**Le alterazioni che caratterizzano le scale minori armonica e melodica non compaiono come alterazioni costanti in chiave.**

# Palla pallina

## 8va

Il segno è valido solo per il singolo pentagramma.
Il segno di 8va posto sopra le note indica di suonare le note un'ottava (8 note) sopra rispetto a quello che è scritto.
Il segno 8va posto sotto le note indica di suonare le note un'ottava (8 note) sotto rispetto a quello che è scritto.
Al termine della linea le note riprendono la loro posizione normale.

«Se non credi in te stesso nessuno lo farà per te.»

*Kobe Bryant*

# La scarpina bianca

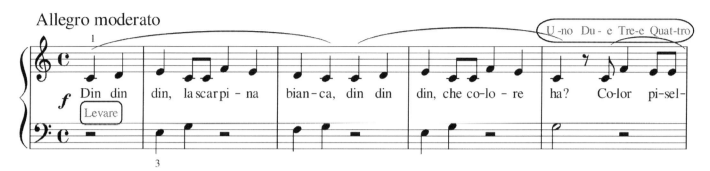

Allegro moderato

Din din din, la scarpi - na bian - ca, din din din, che co-lo - re ha? Co-lor pi-sel-

lin, e - sci fuo - ri ga - ri - bal - din.

co-lor ca - na - rin,

# Armatura tonale bemolle

Bemolle: armatura tonale  Si Mi La Re Sol Do Fa

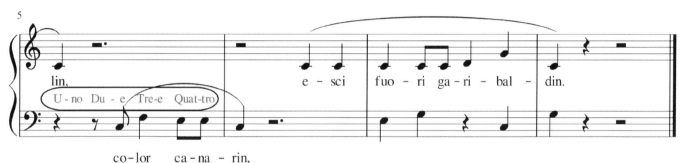

# Armatura tonale diesis

Diesis: armatura tonale    Fa Do Sol Re La Mi Si

# Era la sera battaglia di Magenta

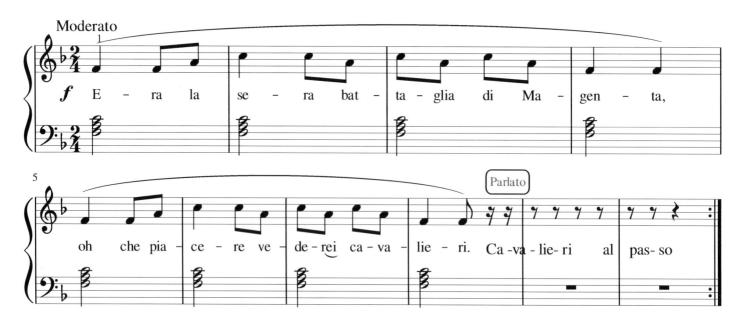

## Tonalità

I diesis e i bemolli che trovi all'inizio di ogni pentagramma prendono il nome di **armatura tonale.**
Armatura tonale dei diesis: Fa Do Sol Re La Mi Si. Armatura tonale dei bemolli: Si Mi La Re Sol Do Fa.
L'ordine dei bemolli è esattamente l'opposto di quello dei diesis.
L'armatura tonale indica:

- quali note devono essere suonate sempre diesate o bemollizzate nel corso di tutto il brano.
- la tonalità d'impianto del brano stesso. Ad esempio: tonalità di Do maggiore significa che l'inizio del brano è costruito nell'ambito tonale della scala di Do maggiore, e dopo un libero sviluppo il brano si conclude sulla nota o accordo di Do maggiore.

La tonalità può essere di due modi: di **modo maggiore** e di **modo minore.**
Per trovare i nomi delle tonalità maggiori con i diesis devi dire il nome dell'ultimo diesis che trovi in chiave e poi dire il nome della nota successiva nell'alfabeto musicale.
La nota successiva dà il nome alla tonalità.
Per trovare i nomi delle tonalità **maggiori con i bemolle** devi dire il nome del penultimo bemolle che trovi in chiave. Il nome del penultimo bemolle dà il nome alla tonalità. Ad eccezione di Fa maggiore che come armatura tonale ha un solo bemolle: Si.
Per trovare il nome della tonalità **minore sia con i diesis che con i bemolle** conta sei note partendo dal nome della tonalità maggiore, oppure scendi un tono e mezzo.
Il modo maggiore o minore è dato dalla diversa successione dei gradi della scala, cioè dalla disposizione dei toni e semitoni. La principale caratteristica che differenzia la scala di modo maggiore da quella di modo minore è l'intervallo fra il 1° e 3° grado: nella scala maggiore ci sono due toni nella scala minore c'è un tono e mezzo (tre semitoni).
Le tonalità formano la base di ogni composizione musicale e sono tante quante le scale: 15maggiori e 15 minori.

# Fa maggiore: scala - accordi principali

## Fa maggiore Scala

Quando si eseguono le scale non si possono usare sui tasti neri il pollice e il mignolo.
Nella mano destra il passaggio del pollice avviene dopo il dito 4.

# La giostra è un gioco

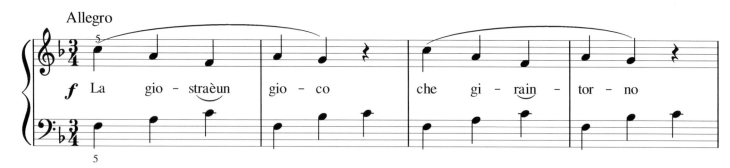

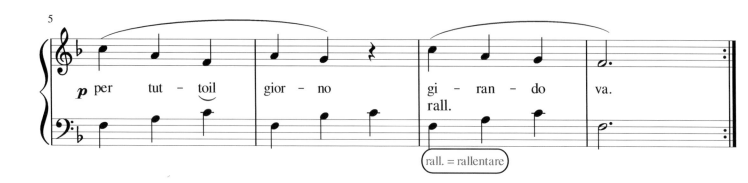

## Agogica

Le temporanee oscillazioni nell'andamento del tempo iniziale le trovi indicate così:

*rall. oppure rit.*  significa rallentare gradualmente il tempo

*acc.*  significa accelerare gradualmente il tempo

*a tempo*  significa ritorno al tempo iniziale

Sia l'accelerando che il ritardando vanno eseguiti in modo graduale, non a scatti. Quando trovi il segno acc. o rall. non accelerare o rallentare troppo presto. All'inizio la variazione di tempo deve essere appena avvertibile e solo alla fine raggiunge il suo punto culminante.

# Minima col punto

# Mapin mapon

Allegro con spirito

Apertura

Se pri - ma e - ro so - lo a can - ta - re ma-pin ma - pon, a-

Inizia in levare

Cambio dito 4 con 3

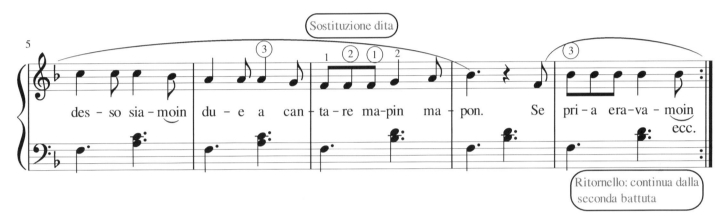

Sostituzione dita

des - so sia - moin du - e a can - ta - re ma-pin ma - pon. Se pri-a era-va-moin

ecc.

Ritornello: continua dalla seconda battuta

«Non è mai troppo tardi per diventare ciò che avresti potuto essere.»

*George Eliot*

# Nella vecchia fattoria

# Queste son le mie manine

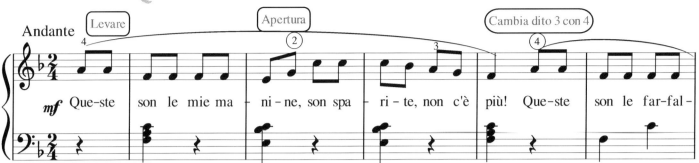

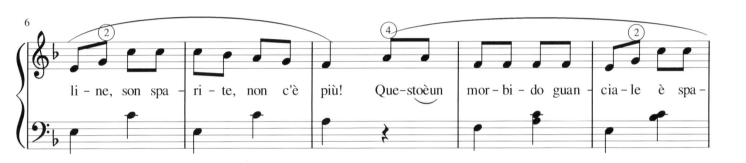

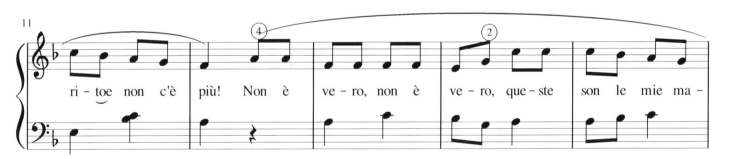

# Hansel e Gretel

Germania

Creo l'accompagnamento

Allegretto

Fa maggiore

# Semiminima col punto

# Sentiam nella foresta

Moderato

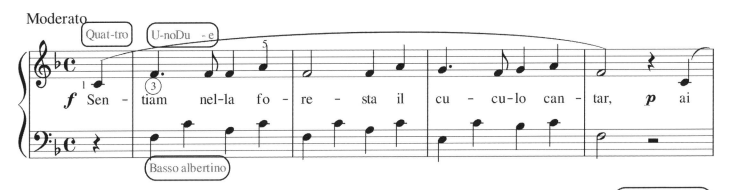

# Au clair de la lune

Francia

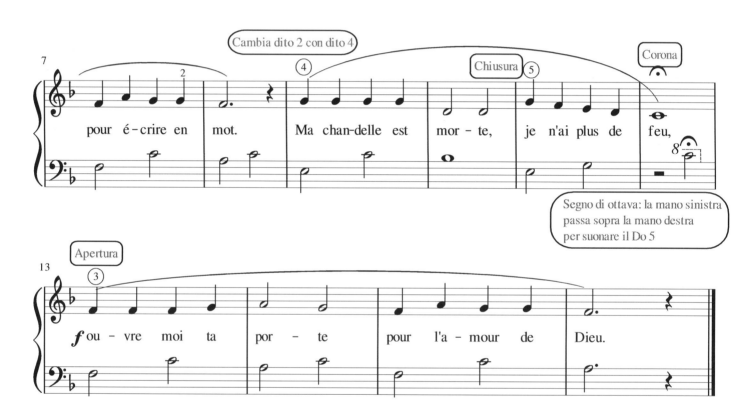

«Il successo è l'abilità di passare da un fallimento all'altro senza perdere l'entusiasmo.»

Winston Churchill

# Il pescatore viene

Moderato
Livello 1

p — Il pe — sca — to — re vie — ne, con l'a — moe con la re — te, o

Levare · Accompagnamento valzer · Staccato · Dito 2 passa sopra il dito 1

pe — sci do — ve sie — te ché vi vo — glio pe — scar.

# Punto di staccato

U — no Du — e Tre — e Quat — tro

Scrittura                    Esecuzione

## Staccato

Il punto posto sopra o sotto le note significa che le note devono essere eseguite in modo staccato, separate dalle altre note. Il punto toglie metà valore alla nota. Lascia il tasto come se ti scottasse sotto le dita.

# Yankee Doodle
## America

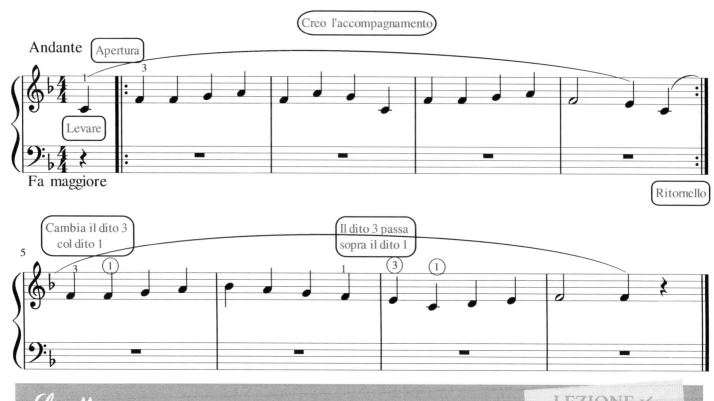

Fa maggiore

# Olè olè olagna

Fa maggiore

# Mastro ciliegia

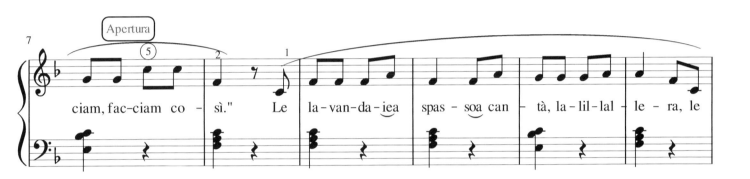

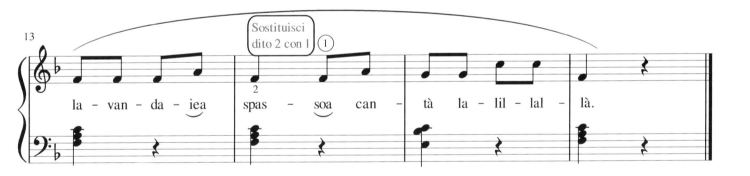

# Canzone degli auguri

# Dal segno al fine: D.S. al fine

Ripeti dal segno di ripetizione
𝄋 fino alla parola fine.

«Non si può
descrivere la passione
la si può
soltanto vivere.»
*Enzo Ferrari*

# Sur le pont d'Avignon

### Francia

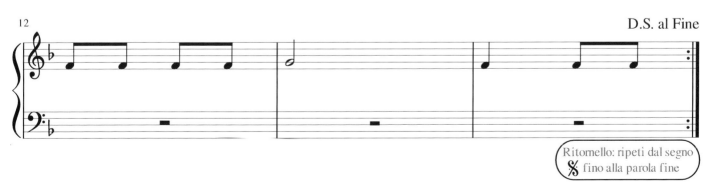

# Il ragno

Il pianoforte ha tre pedali:

1) PEDALE DI RISONANZA.

Il pedale di destra, chiamato pedale di risonanza, ha la funzione di sollevare gli smorzatori dalle corde. Le corde possono così vibrare liberamente anche se lasciamo andare il tasto. Le corde colpite dal martelletto si arricchiscono della vibrazione per simpatia delle corde che sono libere dagli smorzatori. Entrano cioè in risonanza con le corde della stessa frequenza, che vibrano anche se non sono state colpite dal martelletto.

Quando tieni abbassato il pedale di risonanza, ogni nota che hai suonato viene prolungata anche dopo che hai rilasciato il tasto. Si preme con la parte anteriore del piede, il tallone non si deve staccare dal pavimento, si usa la caviglia come cardine.

«*La musica fa danzare le coscienze.*»

*Enzo Cormann*

Il pedale di risonanza si usa in tutta la musica del pianoforte composta dalle fine del '700 in poi. Si utilizza per prolungare la durata e sostenere note che non potrebbero essere tenute dalle dita soltanto. Rende un legato perfetto tra accordi, note e altri passaggi che risulterebbero staccati. Arricchisce il suono.

Ci sono due modi di usare il pedale di risonanza:

- in modo sincopato: col pedale abbassato suoni, poi alzi e riabbassi il pedale mantenendo premuto il tasto

- in battere: il pedale viene abbassato insieme al tasto.

Il segno Ped. indica il punto dove abbassare il pedale e * dove toglierlo.

Si usa anche |_____| per indicare dove abbassare e togliere il pedale.

Generalmente il pedale di risonanza si cambia ad ogni cambiamento di armonia.

2) Il pedale di sinistra, o PEDALE DEL "PIANO" si usa quando si trovano le indicazioni di pianissimo e richiede pochissima preparazione. Il segno grafico che ne indica l'uso è il seguente: una corda (1 c.) quando devi abbassare il pedale; tre corde (3 c.) quando lasci il pedale. Nei pianoforti a coda il pedale sposta la tastiera in modo che il martelletto colpisce solo una corda, quando ce ne sono due o tre, quando invece la corda è una sola, nel registro grave, cambia il punto di contatto del martelletto. Invece nei pianoforti verticali il pedale avvicina i martelletti alle corde, la corsa è più breve e di conseguenza l'intensità del suono è inferiore.

3) Il terzo pedale in posizione centrale è il PEDALE TONALE, da non confondere con la sordina, il pedale dei pianoforti verticali, che non serve per suonare ma per non disturbare i vicini. Premendolo si interpone un panno di feltro tra i martelletti e le corde diminuendo molto l'intensità del suono. Il pedale tonale invece solleva gli smorzatori di quei tasti che sono abbassati quando lo si aziona. Serve per prolungare le note che non si possono prolungare solo con le dita.

# La bella addormentata nel bosco

Germania

# Cucù cucù

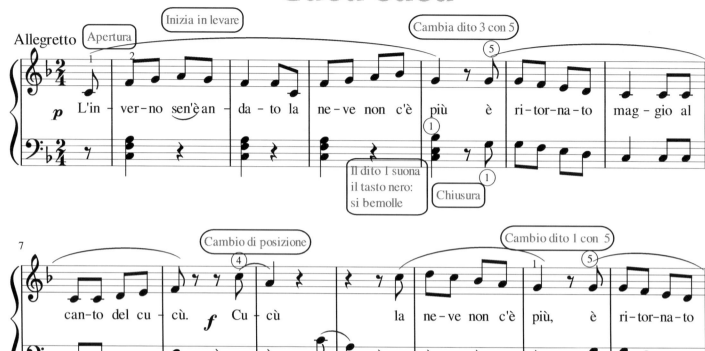

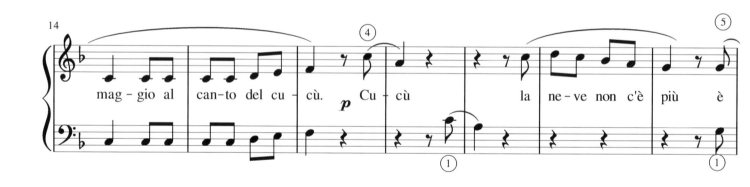

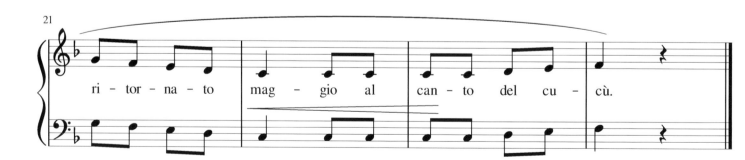

## Brano in tonalità maggiore o minore?

Ogni brano musicale può essere maggiore o minore. Come faccio a capire se un brano è maggiore o minore? Trova prima il nome della tonalità maggiore.

- **Con i diesis** devi dire il nome dell'ultimo diesis che trovi in chiave e poi dire il nome della nota successiva nell'alfabeto musicale. La nota successiva dà il nome alla tonalità.

*Esempio:* con il Fa diesis in chiave la tonalità maggiore è Sol. Per trovare il nome della tonalità minore scendi un tono e mezzo, oppure conti sei note: Sol La Si Do Re Mi: Mi minore.

Per sapere se è in sol maggiore o mi minore devi guardare con quale armonia inizia il brano, ma soprattutto con quale armonia finisce: se termina con le note dell'accordo di Sol oppure di Mi.

- **Con i bemolle** devi dire il nome del penultimo bemolle che trovi in chiave. Il nome del penultimo bemolle dà il nome alla tonalità (eccezione: Fa maggiore ha un solo bemolle in chiave il Si, e come per i diesis per trovare il nome della relativa tonalità minore scendi un tono e mezzo, oppure conti sei note.

Ti ricordo che Do maggiore non ha nessuna alterazione come armatura tonale.

# Re minore: scale

Scale relative di Fa maggiore.
Le alterazini che caratterizzano le scale minori relative non compaiono come armatura tonale.

# Re minore: Accordi principali

Suona con il pollice e il mignolo i tasti neri si bemolle e do diesis

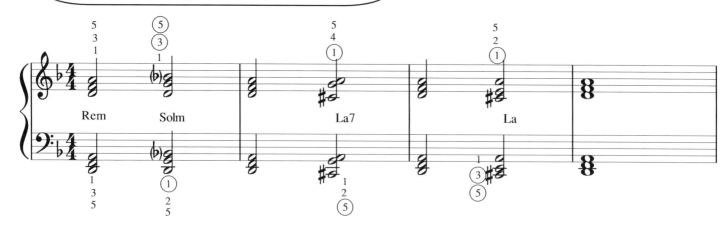

Rem · Solm · La7 · La

Mano destra do diesis dito 4

« Ciascuno di noi può fare della propria vita la sua personale opera d'arte.»

*Raffaele Morelli*

# Fammi, fammi la nanna

# Questa mattina all'alba

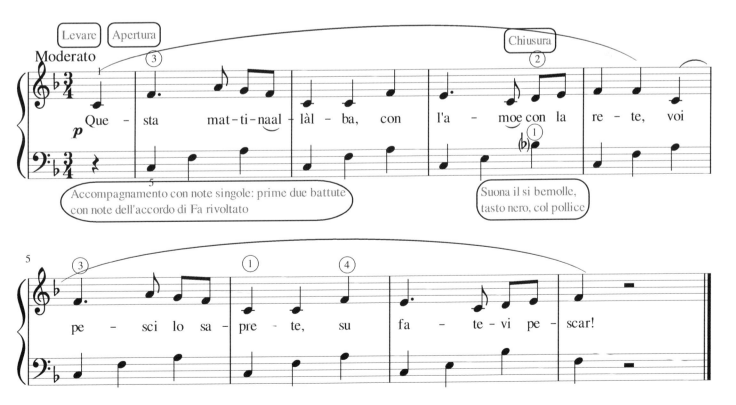

# Il saltimbanco

## Germania

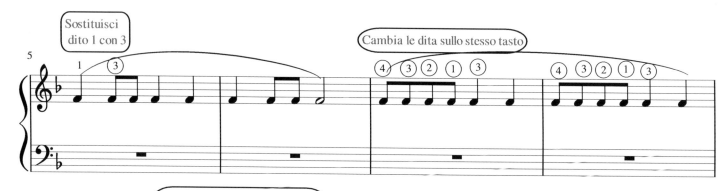

# Sol maggiore: scala - accordi principali

Ha il Fa diesis come armatura tonale: tutti i Fa si suonano sempre diesis

**Suono canto creo**
Lezioni di pianoforte **Gabriella Lozza**
www.suonocantocreo.it        91

# Fazzoletto peo peo

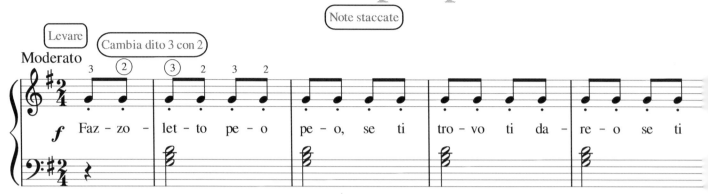

> «Bisogna avere prima di tutto uno spirito di sacrificio inimmaginabile.»
>
> A. B. Michelangeli

# Se sei felice

Allegro

Inizia in levare sulla suddivisione del tempo

U - no Du - e

Apertura

f Se sei fe - li - ce tu lo sai bat - ti le ma - ni.

Segni di accento e staccato

5

Apertura

Se sei fe - li - ce tu lo sai bat - ti le ma - ni.

Suona col mignolo il tasto nero Fa diesis

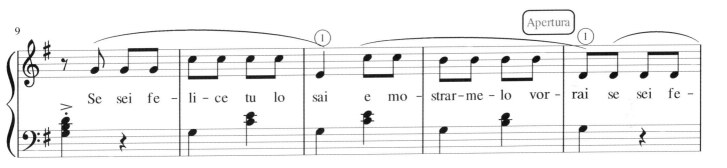

9

Se sei fe - li - ce tu lo sai e mo - strar - me - lo vor - rai se sei fe -

Apertura

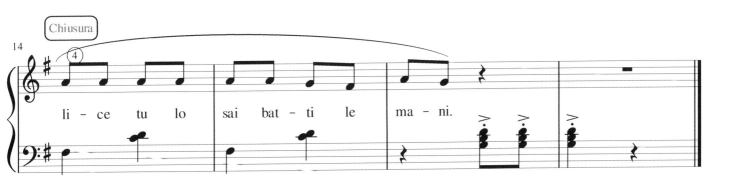

14

Chiusura

li - ce tu lo sai bat - ti le ma - ni.

# Madama Dorè

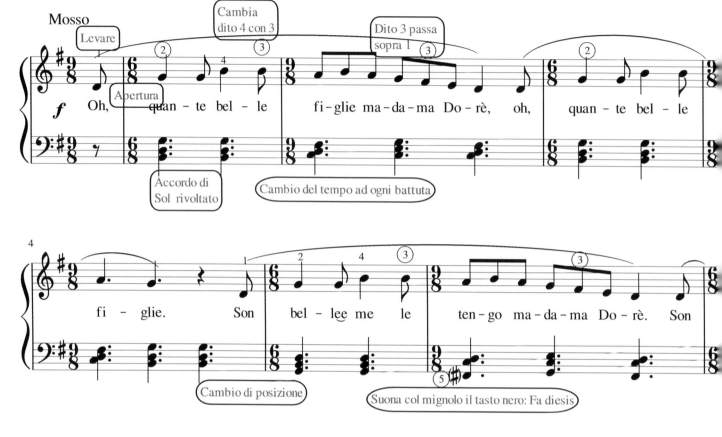

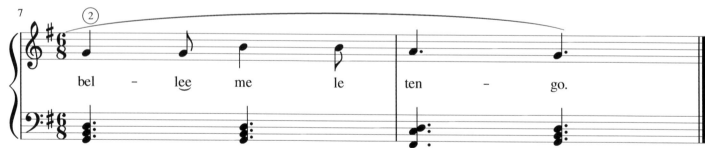

# Conta sillabando

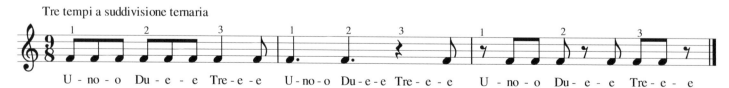

# Laissez passer les petits Saint-Jean

Francia

# Forcelle Crescendo - Diminuendo

Cresc.: Aumentare l'intensità poco per volta      Dim.: Diminuire l'intensità poco per volta

# Filastrocca delle oche

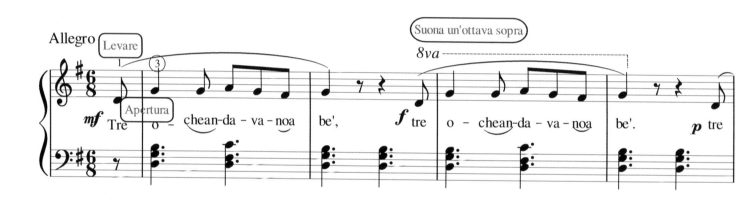

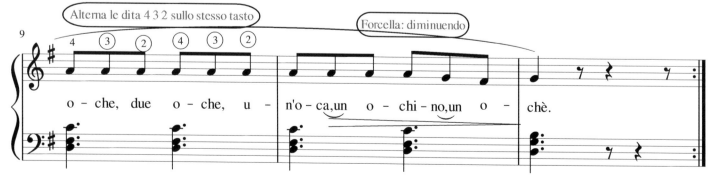

# Maria Giulia

**Allegretto**

Stendi la mano

Ma - ri - a Giu - lia di | do - ve sei ve - nu - ta? | Al - za gli oc - chi al cie - lo, | fai un sal - to,

Basso albertino

5

Terzina

fan - ne un al - tro, | U - no - o le - va - ti il cap - pel - let - to, | fai la ri - ve - ren - za, | fai la pe - ni - ten - za,

9

guar - da in sù, | guar - da in giù, | dai un ba - cio a | chi vuoi | tu.

w w w . p i a n o f o r t e l e z i o n i . i t

«La musica è per l'anima quello che la ginnastica è per la mente.»

*Platone*

# Foglia foglina

Fo - glia fo - gli - na, l'in - ver - no siav - vi - ci - na.

Fo - glia fo - gliet - ta, l'in - ver - noè lì chea - spet - ta.

Po - o - ve - ra fo - glia l'in - ver - noè sul - la so - glia, ben

pre - stoar - ri - ve - rà, e via la por - te - rà.

# Mi minore: scale

Scale relative di Sol maggiore.
Le alterazioni che caratterizzano le scale minori relative non compaiono come alterazioni costanti in chiave.

**Mi minore armonica**

**Mi minore melodica**

*Il talento da solo vale poco.
Ciò che separa il talentuoso
dalla persona di successo
è il duro lavoro.»*

*Sthephen King*

# Mi minore: accordi principali

Suona con il pollice e il mignolo il tasto nero re diesis

Mano destra re diesis dito 4          Tasti neri dita 1 e 5

# Alidà salam

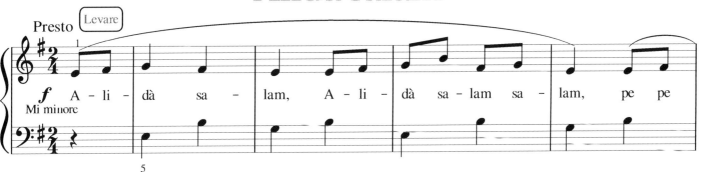

Presto · Levare · f · Mi minore

A - li - dà sa - lam, A - li - dà sa - lam sa - lam, pe pe

pe ciù ciù, pe pe pe ciù ciù ciù ciù. Sia - moi

Cambia posizione · ③

fi - gli del Sul - ta - no del - la cor - te diA - li - dà A - li -

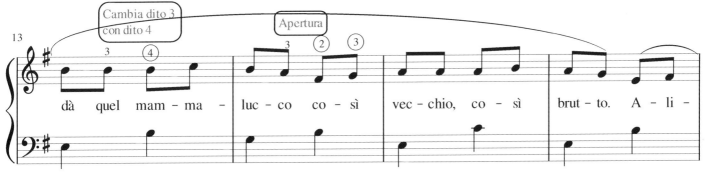

Cambia dito 3 con dito 4 · Apertura

dà quel mam - ma - luc - co co - sì vec - chio, co - sì brut - to. A - li -

dà sa - lam, A - li - dà sa - lam sa - lam.

# Tre porcellini

### Danimarca

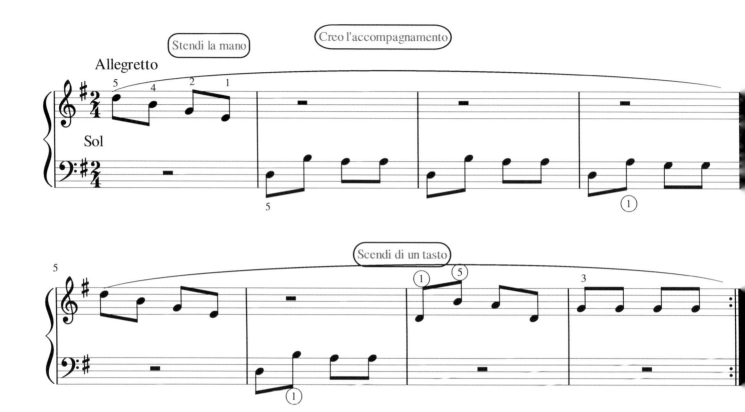

# Ah! mon beau chateau

Francia

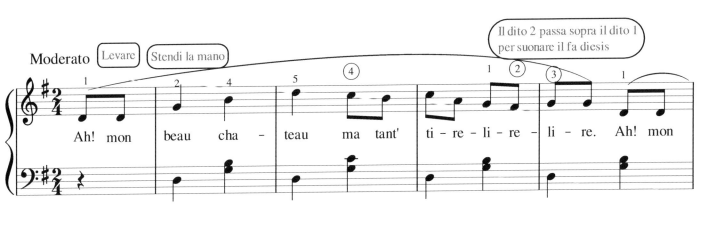

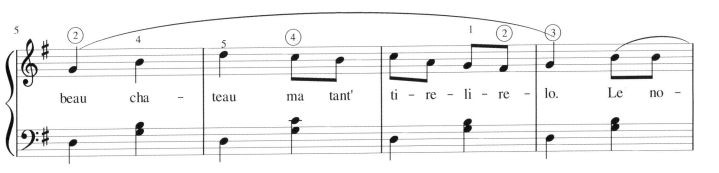

# Oh bella ciao

Allegretto

*Inizia in levare sulla suddivisione del tempo*

*Legatura di valore*

U - no Du - e Que - sta mat - ti - na _____ mi son sve - glia-ta _____ oh bel-la ciao - bel-la

Mi minore

*Cambia dito 5 con 3*

ciao, bel-la ciao, ciao, ciao! Que - sta mat - ti - na _____ mi son sve - glia-ta _____

*Dito 2 passa sopra dito 1*

_____ eho tro - va - to l'in - va - sor _____

*Alterazione momentanea*     *Suona col mignolo il tasto nero Re diesis*

«Ho sbagliato più di 9000 tiri nella mia carriera, ho perso quasi 300 partite. 26 volte mi è stato affidato il tiro decisivo della partita e l'ho sbagliato. Ho fallito ripetutamente nella mia vita. E questo è il motivo per cui ho raggiunto il successo.»

*Michael Jordan*

# Maria che fai in giardino

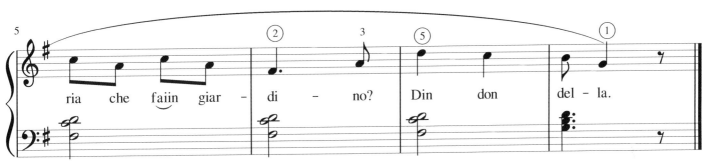

# A remar

Francia

# Passatelo il ponte

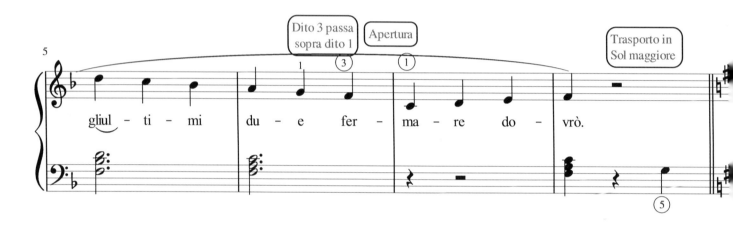

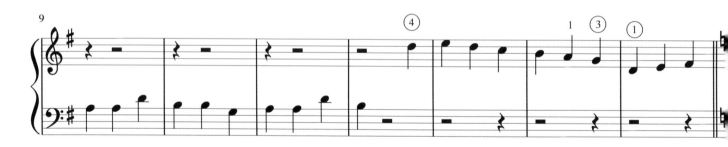

# Din don campana

Allegretto | Do maggiore

f Din don cam – pa – na ar – ri – va la Be – fa – na, è

na – tau – na bam – bi – na che si chia – ma bam bo – li – na.

Fa maggiore

Sol maggiore

# Uno, due e tre

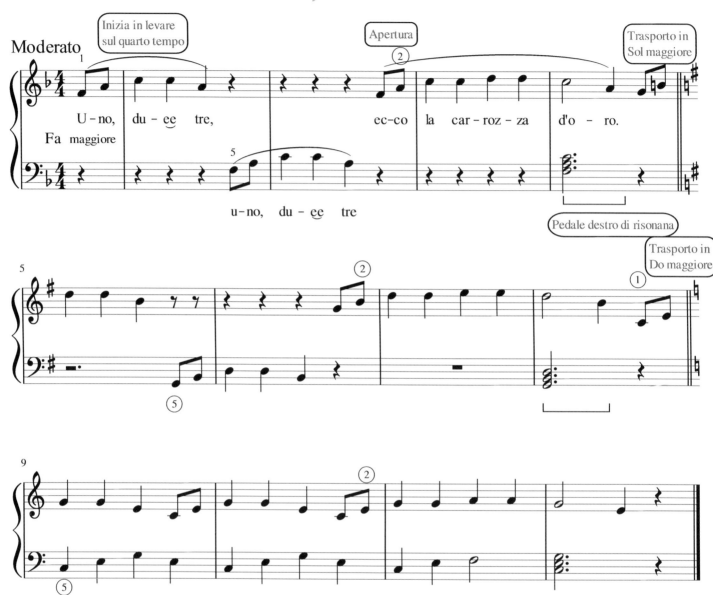

# Batti batti le tue manine

Francia

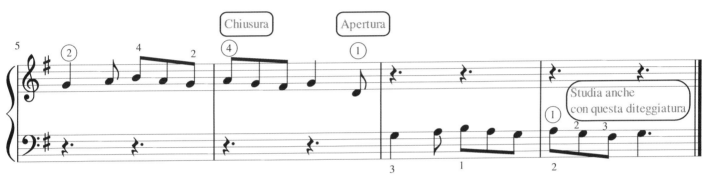

«*Passo dopo passo*

*e la cosa è fatta.*»

*Charles Atlas*

# Melodia popolare

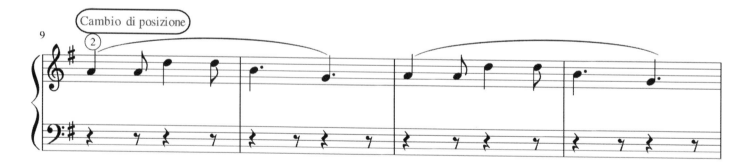

# Marcia, marcia

Inghilterra

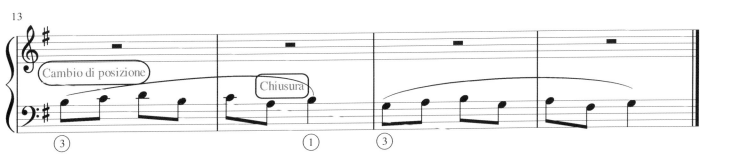

# La mugnaia
### Francia

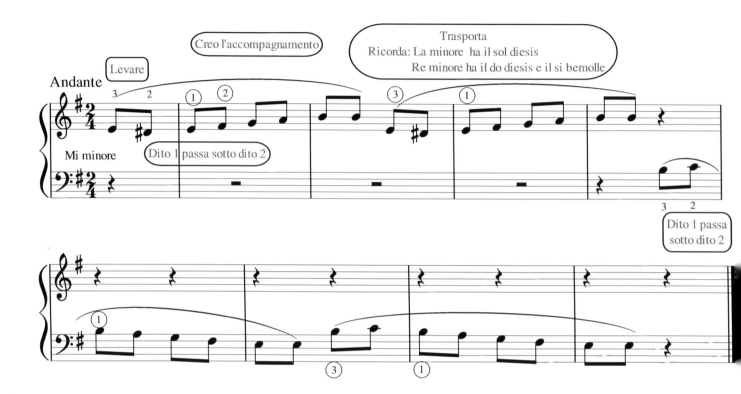

# Do mobile

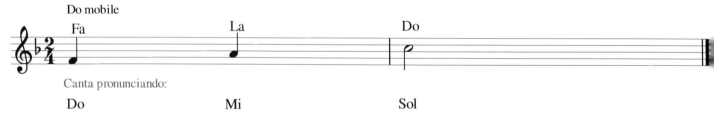

## *Trasporto*

Significa suonare/cantare in una tonalità differente da quella scritta. Si suonano/cantano note diverse ma gli intervalli tra di esse rimangono esattamente gli stessi.

**Uso del trasporto per lo sviluppo dell'orecchio**

Roberto Goitre aveva visto in Ungheria che per merito di Kodály tutti sapevano leggere la musica a prima vista. Quando è ritornato in Italia ha creato un metodo (Do mobile) le cui radici si ritrovano in Guido d'Arezzo, riprese poi da John Curwen e da Kodály. Do mobile significa spostamento della posizione del Do che per questo motivo viene chiamato mobile. Si fissa sul rigo la posizione del Do in posti diversi rispetto a quello della tonica del brano. I suoni si indicano in base alla loro posizione nella scala anziché in base alla loro altezza assoluta. Ciò consente di riconoscere gli intervalli con più facilità. Si cambia il nome alla tonica (il primo gradino di ogni scala) in Do e di conseguenza anche le altre note cambiano nome. Si cantano le note all'altezza della tonalità di partenza ma si pronunciano le note considerando come tonica Do.

Vedi esempio Do mobile: Fa maggiore (posizione Fa4) note Fa La Do.

Si cantano le note all'altezza in posizione Fa4: Fa (tonica)  La (mediante) Do (dominante).

Ma si cantano pronunciando le note: Do (tonica) Mi (Mediante) Sol (dominante).

Cioè la tonica di qualsiasi tonalità sarà sempre Do

la sopratonica Re

la mediante Mi

la sottodominante Fa

la dominante Sol

la sopradominante La

la sensibile Si.

Semplificando:

Ogni brano si trasporta in Do maggiore se il brano è maggiore e si trasporta in La minore se il brano è minore, pur cantando le note all'altezza della tonalità di partenza.

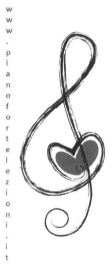

w w w . p i a n o f o r t e l e z i o n i . i t

«Un cattivo insegnante
dimentica
di essere stato uno studente.
Un bravo insegnante
ricorda
di essere stato uno studente.
Un ottimo insegnante
sa di essere
ancora uno studente»
M. Giaquinto

# Ringraziamenti

DESIDERO RINGRAZIARE VIVAMENTE:

la grafica Cristina Franceschini per la grande disponibilità e pazienza;

mio fratello Roberto che mi ha spinta e incoraggiata a realizzare il videocorso e questa collana;

mio nipote Davide per la preziosa assistenza sull'uso del computer;

gli allievi ed ex allievi per le testimonianze;

gli amici Maria Ancellotti, Alfonso Casiraghi, Giuseppina Napoli, Filomena Oliverio, Mariacristina Tassan e Vilma Volpati, che pur non avendo partecipato alla realizzazione della collana hanno contribuito con la loro vicinanza.

# Bibliografia

DENES AGAY, The joy of First-Year Piano for beginning pianist, Yorktown Press. Inc. 1972

J. AKOSCHKY - M.A. VIDELA, Introduzione al flauto dolce, Edizioni Ricordi Milano 1998

R. ALLORTO - P. BERNARDI PERROTTI, L'educazione ritmica, Edzioni Ricordi 1979

J. ALVIN, Terapia musicale, Armando Editore, Roma 1986

G. ANSALDI, La "lingua degli angeli", Guerini e Associati, Milano 1997

RINO BARBAROSSA, Compendio sulla tecnica vocale, Azzali Editori snc 2000

LAURA BASSI, Ritmica integrale parte prima-parte seconda, Edizioni Ricordi 1994

JAMES BASTIEN, Piano livelli 1- 2- 3- 4 Edizioni Rugginenti 1991 Neil A.Kjos Music Company San Diego California

JAMES BASTIEN, Piano livello preparatorio, Edizioni Rugginenti

JAMES BASTIEN, Piano livello preparatorio A e B, Edizioni Rugginenti

JAMES BASTIEN, Corso di pianoforte per adulti Liv. 1, 1993 Neil A. Kjos Music Company, Rugginenti Editori

PAOLA BERTASSI, Progetto 28 liv. 1, Edizioni Curci 2004

F. BEYER, Scuola preparatoria del pianoforte op 101, Edizioni Ricordi 1980

G. BIANCHI - A. CLERICI BAGOZZI, Crescere con la musica, Edizioni Franco Angeli 1993

G. BIANCHI, Educazione col suono e con la musica 1 Vol.

G. BIANCOTTO, A. PUGLIESE BUTTARELLI, E. ASERO CAVALLARO, L'infanzia della musica, Pro Musica Studio 1980

HARALD BOJE', Il pianoforte, Edizioni Ricordi Milano 1994

M. BONAZZOLA, Dinamica Mentale base Manuale di salute psicosomatica, C.R.S. Idea, Bergamo, 1984

BRUGNOLI, Dinamica pianistica, Edizioni G. Ricordi 1984

ALFREDO CASELLA, Il pianoforte, Edizioni Ricordi Milano 1985

G. CERQUETTI, Il potere della mente positiva, Laris Editrice 2002

CHUAN C. CHANG, I fondamenti dello studio del pianoforte, Editore Juppiter Consulting Publishing Company 2014

STEFANIA CIVITARESE - OLIVIA COLOMBINI, Pianoforte insieme, Casa Musicale Eco 1997

NICOLA CONCI, Musica Dolce, Edizioni Suvini Zerboni Milano 1993

CORTOT, Principi razionali della tecnica pianistica, Edizioni Suvini Zerboni Ricordi

STEPHEN COVELLO, Facilissimo, Edizioni G. Ricordi

GAETANO CUCCHIA, Il Ritmo nella scuola di base 1, Progetti Sonori Edizioni Mercatello sul Metauro 2011

L. CUTTICA, L'avventura del comunicare, Ed. Xenia, Milano, 1996

P. DACO, Che cos'è la psicologia, R.C.S. Rizzoli, Milano, 1991

GIOVANNI D'ALESSANDRO, Il primo libro di solfeggio liv. Preparatorio A, Edizioni Rugginenti 1995

VIOLETA HEMSY DE GAINZA, Pezzi facili per pianoforte dei secoli XVII e XVIII, Edizione Ricordi Milano 1990

VIOLETA HEMSY DE GAINZA, L'educazione musicale nella scuola materna e nella scuola elementare,

Edizioni Ricordi 1973

CARLO DELFRATI, MusicAmica, Edizioni Ricordi 2004

E.VAN DE VELDE, Metodo rosa, Edizioni Ricordi Milano 1990

ELENA ENRICO, Suonare come parlare, Istituto Suzuky italiano, ed. Musica practica 2007

FINIZIO, Quello che ogni pianista deve sapere, Edizioni Curci Milano 1978

LEILA FLETCHER, Piano course Book 1-2-3, Montgomery Musica Inc. Buffalo 1977

GIROGIROTONDO, Canti per giocare, Giunti Junior 2013

ROBERTO GOITRE, Cantar Leggendo, Edizioni Suvini Zerboni, Milano V edizione 1978

ROBERTO GOITRE, far musica è..., Edizioni Suvini Zerboni, Milano IV edizione 1984

ROBERTO GOITRE - ESTER SERITTI, Canti per giocare, Edizioni Suvini Zerboni 1980

EDWIN E. GORDON, L'apprendimento musicale del bambino, Edizioni Curci Milano 2003

EDWIN E. GORDON, Ascolta tu Per adulti e bambini dai 7 anni in su, Edizioni Curci 2005

EDWIN E. GORDON - ANDREA APOSTOLI, L'apprendimento musicale del bambino, Edizioni Curci 2004

IRINA GORIN, Racconti di un viaggio musicale, Libro 1 Edizione 6, Printed in U.S.A. 2016

ANNA EVA GOSSO - GRAZIA ABBA', Finalmente musica, Edizioni Suvini Zerboni Milano 1987 II ed.

GIUSEPPE GRAZIOSO, Suono, musica, movimento, Ed. Carocci Faber 2005

E. KISEL', V. NAANSON, A. NIKOLAEV E N. SRETENSKAJA, Metodo russo per pianoforte, Edizioni Ricordi Milano 1990

MARIANNE KNILL CHRISTOPHER KNILL, motricità e Musicoterapia nell'handicap, Edizioni Centro Studi Erickson

DAVID LANE - PETER LOGAN, La prima Tastiera Vol. I, Edizioni G. Ricordi 1993

LEBERT - STARK, Gran metodo teorico-pratico parti I II III, Edizioni G. Ricordi 1969

LEIMAR - GIESEKING, Metodo rapido di perfezionamento pianistico II°, Casa Musicale Giuliana Trieste 1955-G. Ricordi&C. Milano

ALESSANDRO LONGO, Tecnica pianistica fasc. XII, Edizioni Curci Milano 1970

MARCONDIRONDIRONDELLO, Canti per bambini nella tradizione popolare italiana, Giunti Junior 2013

MARC MURET, Arte-terapia, L'altra medicina Red edizioni 1991

MOZZATI - BALDRIGHI, Esercizi di tecnica pianistica, Edizioni G. Ricordi 1995

HEINRICH NEUHAUS, L'arte del pianoforte, Rusconi 1997

JEREMY NORRIS, Pian Pianino, Edizioni G. Ricordi 1993

WILLARD A. PALMER - MORTON MANUS - AMANDA VICK LETHCO, Corso tutto in uno volumi 1-2-3, Alfred's basic Piano Library Edizioni Rugginenti

ALFREDO PALMIERI, Musica come..., Edizioni Suvini Zerboni Milano 1998

ALFREDO PALMIERI, Suonar leggendo, Edizioni Suvini Zerboni 1996

CARLA PASTORMERLO - ELENA RIZZI, Io cresco con la musica, Rugginenti Editore liv. 1 e 2 1993

ALESSANDRI PAVARANI, Il flauto canterino, Editrice la scuola

LANFRANCO PERINI - MAURIZIO SPACCAZOCCHI, Noi e la musica 2, Progetti Sonori Edizioni Mercatello sul Metauro 2010

BIANCAMARIA PIANTELLI - PAOLO CARBONE, Suono gioco ballo canto, Comune Crema Tip. Locatelli 2001

GIOVANNI PIAZZA, Orff-Schulwerk Esercitazioni pratiche, Edizioni Suvini Zerboni Milano 1983

GIOVANNI PIAZZA, Orff-Schulwerk Manuale, Edizioni Suvini Zerboni Milano 1979

GIUSEPPE PICCIOLI, Didattica Pianistica, Edizioni Curci Milano 1989

GIUSEPPE PICCIOLI, Il Concerto per pianoforte e orchestra, Edizioni Curci Milano 1988

GIUSEPPE PICCIOLI, Antologia pianistica vol 1, Edizioni Curci - Milano 1981

F. CALVINO PRINA - M. PADOVAN, La danza nella scuola dell'obbligo, S.G.M. Edizioni 1995

E. QUAILE A, Very First Piano Book, G. schirmer, Inc. New York1939

FEDERICA RIGHINI e RICCARDO ZADRA, Maestro di te stesso PNL per musicisti, Edizioni Curci 2010

ROSSANA ROSSENA, Ricicla in musica, Edizioni Demetra 1995

LUIGI ROSSI, Teoria Musicale, Edizioni Carrara 1977

F. ROSSOMANDI, Guida per lo studio del pianoforte fasc. I, Edizioni S. Simeoli Napoli 1961

KLAUS RUNZENZ, Wei Hande – Zwolf Tasten Band I, Schott's Sohne Mainz 1982

ALDO SALA, Il giovane pianista volume I, Edizioni Carrara 1981

MAURIZIO SPACCAZOCCHI, Crescere con il CANTO 1, Progetti sonori Edizioni Mercatello sul metauro 2003

G. STACCIOLI - P. FRITSCHER, Apriteci le porte, Giunti & Lisciani Editori 1989

GYORGY SANDOR, Come si suona il pianoforte, Bur Manuali 1998

G. STACCIOLI SCHMID, E' arrivato l'ambasciatore, De Agostini

JOHANNELLA TAFURI, Esperienze musicali, Nicola Milano Editore1995

J. THOMPSON'S, Modern course for the piano, The Willis Music Co. Cincinnati

J. THOMPSON'S, Easies Piano Course part two, The Willis Music Co.

ALFRED TOMATIS, L'orecchio e la voce Editore, Baldini Castoldi Dalai 2005

GIORGIO UBALDI, Cantintondo, Edizioni Carrara, Bergamo

G. VALLANCOURT, Guarire a suon di musica, Edizioni Amrita 2006

STEFANO VARNAVA', Canzoniere ricreativo 1, Rugginenti Editore 2006

STEFANO VARNAVA', Canzoniere ricreativo 2, Rugginenti Editore 1997

REMO VINCIGUERRA, Pianolandia, Edizioni Curci Milano 1991

EDGARD WILLEMS, L'educazione musicale dei piccolissimi, Editrice la scuola Brescia 1975

KIM MONIKA WRIGHT, Little piano school, Edizioni Curci 2003

*Ti è piaciuto il libro?*
Lasciami una recensione su Amazon

Printed in Great Britain
by Amazon

49882033R00070